图解 精益制造033

工厂经营

ものづくり経営入門

[日]高桥功吉 著　王思怡 译

人民东方出版传媒
People's Oriental Publishing & Media
東方出版社
The Oriental Press

图书在版编目（CIP）数据

工厂经营／（日）高桥功吉 著；王思怡 译．—北京：东方出版社，2016.2
（精益制造；33）
ISBN 978-7-5060-8962-3

Ⅰ.①工… Ⅱ.①高… ②王… Ⅲ.①工业企业管理—研究 Ⅳ.①F406

中国版本图书馆 CIP 数据核字（2016）第 035152 号

精益制造 033：工厂经营
（JINGYIZHIZAO 033：GONGCHANG JINGYING）

作　　者：［日］高桥功吉
译　　者：王思怡
责任编辑：崔雁行　高琛倩
出　　版：东方出版社
发　　行：人民东方出版传媒有限公司
地　　址：北京市朝阳区西坝河北里 51 号
邮　　编：100028
印　　刷：北京楠萍印刷有限公司
版　　次：2016 年 4 月第 1 版
印　　次：2020 年 11 月第 3 次印刷
开　　本：880 毫米×1230 毫米　1/32
印　　张：11.875
字　　数：205 千字
书　　号：ISBN 978-7-5060-8962-3
定　　价：38.00 元
发行电话：（010）85924663　85924644　85924641

目 录

前　言

工厂在开拓国际市场的过程中，调员工赴海外工作的情况像是家常便饭。突然有一天，某人被任命为海外据点的经营负责人也不足为奇。到了这样的节骨眼上，一定会有很多人懊恼：虽然想赶紧学习一些经营管理知识，却不知道从何入手。也有很多人临时抱佛脚，读一些财务分析类的书籍。但说实话，这些书对实际的经营没有任何帮助，充其量也只能作为交易方信贷管理的一个参考。

与之相比更重要的是，能否理解日常交易是如何与在盈亏表、资产负债表和现金流计算表上所呈现出的经营数字挂钩的。比如：虽然大家都知道5S活动（5S现场管理法）是经营中最基本的管理方法和措施，但自己对其的理解是否还仅停留在它是“生产制造的基础”，或“能让生产车间更干净、整洁”这样的肤浅程度呢？

鲜为人知的现场和经营数据之间的关系

想经营工厂，就必须理解经营的基础知识、在推进经营活动的基础上将需要管理的所有事项体系化，然后明确哪些事项需要管理。比如：各位读者能否充满自信地回答出以下三个问题呢？

问题 1：谁都知道如果舍弃不良资产会对工厂利润带来一定影响，那么舍弃不良资产会使工厂资金产生何种变化呢？

（1）因为利润减少，资金也会减少。

（2）因为资产是工厂已经购买了的资产，所以即使舍弃也不会使工厂资金减少。

（3）如果舍弃不良资产反而会使工厂资金增加。

回答 1：在工厂产生了利润的情况下，正确的选项为（3）如果舍弃不良资产反而会使工厂资金增加。

因为资产是曾经购买进来的资源，所以即使舍弃掉也不会使资金减少，这一点大家应该都能理解。工厂经营处在赤字状态的话，舍弃了不良资产会使赤字进一步扩大，但工厂的资金不会减少。而如果是在工厂有利润产生的前提下，工厂会由于舍弃了一部分不良资产而使利润减少，所以需要缴纳的税金也会相对减少，减少的这部分税金就是工厂增加的资金。

有些工厂由于不想让利润减少而一直对不良资产不予处理，但这并不是积极、正确的态度和做法。如果不理解经营的基础，就容易陷入这种误区。

问题 2：在生产制造中，做到没有滞留和库存积压是非常重要的。没有了库存积压，生产周期就会缩短，单位面积的生产效率也会得到提高。那么，这在经营上的意义体现在哪里呢？

回答 2：在某些生产现场，有一些工程程序需要切换机器种类，而切换机种需要花费很长时间，所以为了提高生产效率，考虑如何减少切换机种的次数才是关键所在。甚至有时候还会通过进行彻底的“批量生产”来减少切换次数。

但是，这是否是在经营上的正确态度呢？减少在切换机种上损失的时间确实能够提高生产效率，但会使每一道工序上的在制品库存堆积如山。虽然也有一种看法认为，只要能使利润最大化，那么即使在制品库存增多也没有关系，但实际上，从资金层面上来看，越是批量生产，越会使工厂资金减少。这种生产制造方法是有问题的。再者，对于库存，不仅需要花费管理成本还需要花费资本成本。如果忽略了这一点，乍一看好像是产生了利润，但实际上可能根本没有产生任何利润。

我们之所以追求没有滞留和库存积压的生产制造模式，既不是因为讲解生产制造的相关书籍中写到了这是生产制造中“应有的姿态和目标”，也不是因为这是与市场形势相应的生产制造模式。真正理解其在经营中到底有何意义，然后采取相应措施才是最重要的。

问题 3：即使滞销也持续生产从而使库存增加，这种情况下，利润和资金会发生何种变化？

（1）因为营业额相同，所以无论生产多少，利润都相等。

（2）在营业额不变的基础上继续生产，会使生产成本增加、利润减少。

（3）在营业额不变的基础上继续生产虽然会导致库存增加，但销售成本会下降、利润会增加。

回答3：正确答案是选项（3）利润增加。笔者会在第7章解释和说明原因，但从经营的基础出发来考虑，这种创造利润的方法是存在问题的。因为即便产生了利润，工厂的资金却在减少，这种方式仅仅是一种透支明天的做法。

只要你充分理解了经营的基础，就能马上对以上讲解的例子心领神会。但是，如果没有理解经营的基础，就会做出错误的判断和决策。稍有不慎，工厂的资金就会不断缩水，甚至可能陷入破产倒闭的危机。而令人倍感意外的是，市面上系统地讲解经营基础的书籍少之又少。

笔者创作本书的初衷正基于此。本书既不是讲解管理会计的书，也不是财务分析类的书，而是为那些想要了解经营基础知识、期待自己能够独自挑起工厂经营的大梁、期待自己在工厂经营中能够独当一面的人们，创作、总结的一些经营工厂时必备的基础知识和具体的实行方法。

本书非常适合负责经营的工厂经营管理干部、即将或已经赴海外工作的人员以及将来有此可能性的人阅读。为此，笔者在创作时尽可能地将这些知识和内容写得简单易懂。只要理解和掌握了本书的内容，无论何时被委任负责工厂经营，都一定能够充满自信地轻松为工厂经营掌舵。

实际交易的内容会全部体现在经营数据上。但是，如果不理解实际交易和经营数据是如何相关联的，就无法做出最佳的决策。希望大家在读了本书之后，能够学会经营的基础、在实践中学会现场实际交易的相关知识，并做到温故而知新。

2013 年 6 月

高桥功吉

第 1 章

何谓经营

所谓经营，即“如何使工厂持续发展”。

为此，必须要在确定好工厂蓝图的基础上循环利用资金。

本章将介绍经营的基础和心得体会。

1-1 工厂的可持续发展是经营者的责任

一旦自己成为工厂的经营负责人，就会切实地感受到那份责任的重大。对于工厂的从业人员，经营负责人要保证他们的基本生活，对于股东必须给予适当的分红，并致力于提高股价。对于当地社会，经营负责人必须考虑如何创造和提供更多的雇用机会，当然，纳税也是必不可少的。

为了肩负起这些责任，经营者必须发挥的作用是什么？关于经营的目的，有很多人论述过，但究其根本，可以总结成一句话，即“如何使工厂持续发展”。如果工厂不能持续发展，就无法雇佣从业人员，也无法尽到对股东和当地社会的责任。经营者也将处在一个决不能让工厂毁于自己之手的境地。如接力跑比赛一般，经营者必须让工厂在自己手中得到持续发展，并将工厂经营的接力棒顺利地交接给下一任经营者，这是经营者肩负最大的职责。

1-2　如何使工厂持续发展

那么，为了使工厂能够持续发展，有哪些必要条件呢？工厂所处的环境一直在变化中。无论是市场、还是竞争环境、技术革新等，当今社会的变化都很剧烈。如果不能从容应对这些变化，工厂就无法持续发展。另外，还必须准确把握、应对工厂自身的经营课题。这是因为如果对必须处理的经营课题置之不理，则很难实现工厂的可持续发展。

没有发展蓝图会导致经营混乱

在充分考虑和把握工厂经营环境以及自身经营课题的基础上，从中找出最切合工厂实际的商机和风险、明确工厂的前景和未来发展蓝图，然后为实现这一目标确保并分配好经营资源，朝着最终目标而不断推进工厂发展，这叫作经营。而将工厂发展蓝图明确地展现出来的就是经营计划。

一个工厂如果没有发展蓝图，就会导致经营混乱，在经营环境发生变化时，工厂将无法应对这些变化，而陷入困境。关于经营计划，会在之后的章节中提及。直接对现有经营前景进行的预测，并不能称为真正的经营计划。为使工厂持续发展，要充分考量经营环境的变化和工厂目前面临的经营课题，制定明确工厂未来发展蓝图的经营计划，并积极推进工厂按照这一计划发展，这一点极为重要。

1-3 是否把握住了经营课题

你能否恰如其分地把握住工厂自身面临的经营课题呢？你是否仅将领导、同事、朋友等提出的众说纷纭的意见汇总在一起，并认为你已找到了正确答案呢？

在推进工厂经营的过程中，要时刻关注工厂自身所处的经营环境的变化，主动、准确地把握并找出应该处理的经营课题，明确对这一经营课题的应对之策。与此同时，还必须对何处才有促进工厂成长的商机、应在哪里重点投入工厂的经营资源等问题作出正确的判断。提出经营课题决不能天马行空、信口开河，被委以重任、肩负现有工厂的经营责任，就必须搞清楚工厂自身的经营课题是什么，为解决这一课题应该采取哪些措施和行动，并合理地进行人员、资源的部署及配置。

特别是海外经营负责人新官上任时，即便向领导或员工们询问该工厂的经营课题，也往往难以得到好的回答和应对之策。这是因为大家都只掌握了有限的信息。所以，在这里我要重申一遍，最重要的是，经营者能否主动、准确地把握并找出工厂目前面临的经营课题。

那么，为了把握住经营课题，应该从何入手、以何种视角切入呢？最重要的一点是：不只要看经营数据，还要看这个数据背后体现的经营现场的实际情况，做到两头兼顾。因为经营数据的背后，体现的是达成这一数据的人员和工厂经营体制，很多时候我们能够从中发现体制的不健全之处，或人材培养方面的不足之处。

其中，对于经营现场，我们大致可以一目了然地发现和把握经营课题，但对于推进和实施经营现场交易活动的人员、组织等经营资源方面的课题却不那么容易。每位员工的个人能力如何、推进工作时组织上的课题在哪里等，要想把握这些课题需要花一定的时间。对此，最重要的是要与上一任经营负责人认真做好交接工作，但实际上能够客观地获取到第一手信息的情况很少。因此希望大家记住，还是要用自己的眼睛去确认每位员工、每项工作的进展情况，找出问题所在。

关于经营数据，无论什么工厂、什么业种，应该重点关注的地方都基本相同。所以，关于经营数据，必须能够迅速、准确地指出课题所在、从何入手去解决、明确今后改善经营管理的方向（话虽如此，但有时也会出现把握不住数据的情况。遇到这种情况时，就必须从应该着重把握哪类数据开始进行指示）。

那么，具体来说，应该重点关注经营数据的哪些地方呢？对于这个问题，只要你充分理解了让工厂持续发展的“经营的基础”，答案就不言自明了。也就是说，答案就是如何获取更多资金、如何使用这些资金让工厂发展的资金循环。推进资金循环，首要的是看你对资金有多深的理解，这是一切的基础。

1-4 何谓“资金循环”

下面，我们就从让工厂持续发展这一视角出发，探讨一下“资金”问题。

工厂即使盈利，如果不能正常支付钱款（开具空头票据和支票），银行也会对其进行停止交易的处罚，进而导致工厂破产倒闭。为了避免破产倒闭，拥有一定的资金是必要的。虽然看似理所当然，但这是延续工厂经营活动最重要的一点。

如上所述，经营的根本就是循环，即通过工厂的经营活动创造资金，将这些资金作为用于工厂进一步成长的投资，然后再获得更多的资金。在这一循环中，明确如何创造资金的方案即为经营计划，按照这一计划推进工厂的经营活动被称为经营推进管理（参照图 1-1）。

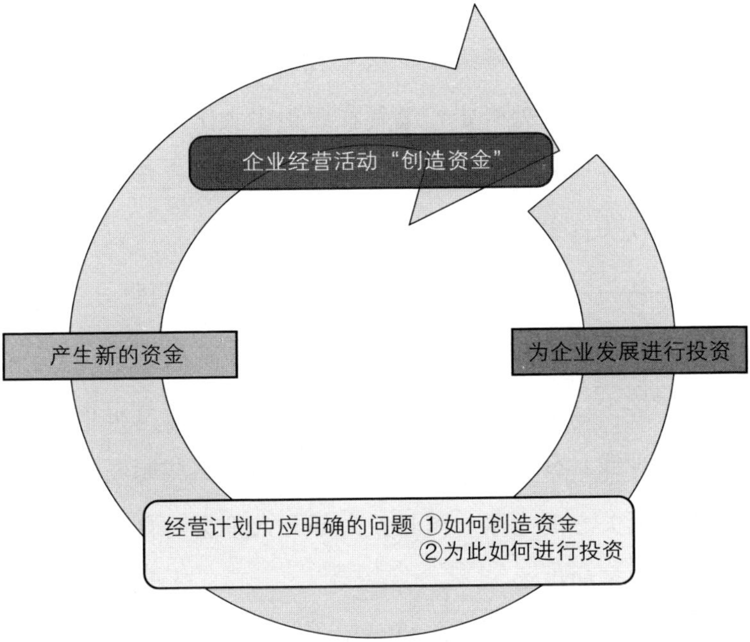

图 1-1　工厂经营持续发展的循环

工厂经营活动产生的营业额创造新的资金，将这些资金投入到加强工厂经营项目和新项目中又会产生新的资金。经营活动的基础存在于这一循环之中。

所以，要想肩负起工厂经营者的重任，必须熟知如何才能为工厂创造资金。另外，在为工厂成长进行投资时，还必须能判断出该投资能否产生大于投资额的资金回报（投的资金能否回笼）。

现金流才是经营的根本

有多少读者曾为筹集用于从业人员的工资发放和支付供应商货款的资金而四处奔走？笔者在跟很多大工厂的老总谈话的过程中，意外地发现很多人并没有金钱意识，这点令笔者很惊讶。他们认为自家工厂绝没有倒闭破产的危机，所以不重视资金问题，认为只要能够确保工厂成长和利润就没问题。

商人原本最关心的问题就是如何增加手头较少的资金，以及增加了多少。不仅是商人，我们每个普通家庭肯定也把家里现在有多少钱、有多少存款、有多少外债等这些家庭资金的增减看作每天关心的大事。而且，大部分人都会对自己钱包里现在有多少钱了如指掌。

然而，有趣的是，在被问到现在自家工厂有多少资金时，居然有很多经营者回答不上来。拥有不需为金钱烦恼的生活和工厂经营，是所有人梦寐以求的事情，但是，正如很多家庭都有住房贷款一样，大多数工厂也都有借款。

工厂经营的基础是，通过经营活动创造资金，再将这些资金投资到能使工厂实现新的成长的经营活动中，然后获得更多的资金的一系列活动的循环。想让这一系列活动能够顺利地循环开展，经营者就必须了解工厂资金情况，否则经营活动本身就无法成立。工厂持续发展的前提是资金链。对于工厂来说，资金如同血液。血液的流通一旦停止就会导致死亡，无论是人还是工厂，都是如此。

大多数读者都应该听说过“现金流经营”这个词。关于现金流经营，笔者会在第 2 章进行详细的阐述，现金流可以说是经营的根本。

第 2 章

如何创造资金？

要增加资金，在提高利润的同时，压缩资产变现也是一个关键点。在理解和掌握 B/S（资产负债表）的同时，还必须弄懂“如何才能创造资金”这一作为经营基础的现金流的概念。

本章将阐述如何创造资金，以及从 B/S 到现金流等的基础概念和知识。

2-1　错误的创造资金的方式会导致结余破产

在上一章中，我们理解了工厂经营的根本在于如何创造资金，如果不能理解这一点就无法实现现金流管理。那么，如何才能创造出资金呢？

第一是产生利润，这一点众所周知。比如：把用 30 日元进货价买进的商品以 100 日元的价格售出，就能得到 70 日元的利润，也就是说，工厂资金增长了 70 日元。

但是，如果不理解资金的本质，就会导致创造利润的方式错误。比如：虽然应收账款（货品虽已卖出，但还未收到的款项）尚未回笼，却无视这一点继续进行销售活动，结果会怎样呢？因营业额上升，一般而言利润也会随之增加。但如果卖出的商品的货款一直没有回笼，就会导致应收账款不断增加、手头没有资金进账，所以无论创造了多少利润，工厂的资金却在不断减少。如此一来，虽然营业额和利润增加了，工厂资金却变得无法周转（请参照下文的“在印度的失败案例”）。

另外，在本书前言中也提到过，产品滞销还持续生产会导致库存增加，从而使销售成本下降、利润提高。但是，为了生产制造这些产品就需要购买原材料，而为了对这些原材料进行加工则会产生费用。如果卖不出去，工厂的资金就会不断地减少，正所谓理论与实践相悖。即便工厂盈利，如果无法支付款项，银行也会对工厂实施停止交易的处分，进而导致工厂破产。真可谓是现金的有无决定工厂的生死。

工厂经营的根本是资金，工厂经营活动的根本则是如何增加资金。

有很多人认为经营就是追求利润。利润对于创造资金来说极为重要，这种想法绝没有错，但却不是全部。如上所述，如果采取了错误的创造利润的方式，会导致工厂资金减少。理解了现金流的意义以及如何才能在真正意义上增加工厂资金，并在此基础上推进工厂发展非常重要。

虽然产生了利润，资金链却循环不起来——在印度的失败案例

某进军印度市场的电机生产商采用了将产品从关键零部件开始全套生产的方式，因此获得了极高的边际利益。于是，有一位日本人作为新的经营负责人被调赴印度，该负责人打出了向当地经销商支付返利以激励销售，从而实现大幅度提高营业

额的战略。

这一举措卓有成效，实际营业额大幅提升，工厂获得了巨大利润。

然而没过多久，工厂的资金链就出现了断裂，陷入了必须向银行申请紧急融资的窘境。不仅如此，银行方面还提出了必须由日本总公司作为担保的融资条件。这家工厂原本是获得了利润，但为何沦落到如此境地呢?

其原因是应收账款没有得到及时回笼。特别是在印度等新兴国家，经常会出现这种应收账款的回笼问题。对于经营者而言，应收账款的日常回笼管理是经营管理工作中最重要的事项之一（关于回笼管理将在第 7 章“日常经营管理”中做进一步阐述和说明）。

但是，案例中的外派印度的日本经营负责人却没有认识到这一根本问题。他仅看到营业额在不断提高，认为获得巨大利润就可以高枕无忧了。当他意识到资金链循环开始恶化，工厂无法支付款项时，已为时过晚，未回收的款项已经堆积如山。如该案例所示，如果只关注盈亏表（P/L）的话，是无法经营工厂的。说到底，资金才是工厂经营的根本，这一点一定要铭记于心。

2-2　为了创造资金应该怎么做

那么，要如何创造资金呢？在本节中，笔者将针对除创造利润以外的其他几种“获取资金的方法”进行阐述。

▼ 出售资产

出售土地、建筑物、设备等工厂现有资产，即可增加资金。我们经常能够看到大型工厂出售现有工厂办公楼或员工宿舍等地产的新闻报道，这些举措都是工厂在靠出售现有资产以获取资金。在工厂遇到资金困难时，首先出售与目前的核心业务没有直接关联的资产，借此获取资金是工厂最常用的手段，也多作为经营重建的方法被广泛提及和采用。

▼ 减少应收账款

从前文的几个案例中可以得知，销售了商品、产品但尚未从购买方收取的款项，也就是应收账款如能够及早得到回收，这部分回收款项就能够使工厂资金得到相应增长。应收账款等同于无偿免息地借给购买方的金额。所以如果能及早地回收这部分无偿借出的款项，收回的这部分资金即为工厂的资金增长额。相反，如果应收账款增加，增加的这部分应收账款就会使工厂减少与其相当的资金。

比如P13的在印度的失败案例告诉我们，在新兴国家，由于无法回收应收账款而导致工厂资金循环恶化的例子不胜枚举。因此，确保收回应收账款、防止不良债权产生的手段必不可少。另外，在决定进入新兴国家市场时，必须选择能够回收应收账款的交易方，为此，事前的信用管理（应收账款客户风险评估）非常重要。还有，如果能够改变交易条件，尽早回收账款，就能减少应收账款从而增加工厂资金。

与新客户进行交易时，在确认该客户能否切实地支付账款的同时，还应对交易条件进行认真的交涉，使工厂尽可能更早地回收账款。

如果对能否回收账款感到不安，最基本的方法就是采取现金交易的形式。而且，为避免不良债权的产生，应确认是否在支付日期进账。总之，为了使工厂资金增值，最重要的是销售后能够回收资金。

▼ 增加应付账款——延迟支付

与应收账款相反，已购买了零部件或原材料但尚未支付的款项即为“应付账款”。如果能够延长支付期限，就等同于工厂无息借入了这部分金额，也就是工厂资金得到了增长。这就相当于在居酒屋喝酒，如果当场支付酒钱，钱包里的现金就会减少，但如果采用赊账的形式，因为没有支付酒钱，这部分款项就会使钱包里的钱增加。

顺便说一句，关于前文中提到的在印度的应收账款回收问题的案例，我们来思考一下那位优秀的印度负责人是如何拖延支付款项的。因为印度是一个利率很高的国家，如果延迟支付，仅延迟期间的利息也是一笔不小的数额。

在日本，买了东西就要付钱是常识，但在国外，无视交易合同的规定，通过推迟付款来增加自身工厂的应付账款，以此筹措资金的情况比比皆是。虽然这种情况会产生工厂间的信用问题而不被推崇，但在根据基本交易合同制定付款条件时，在充分理解资金的意义的基础上确定清账期限（从购买后到实际支付的期限）非常重要。如果交易条件是必须先支付应付账款，资金就必须通过其他途径来筹措了。与应收账款的清账期限相比应付账款的清账期限越长，工厂资金链的循环越轻松，所以工厂应尽可能争取这样的交易条件。

但有一点需要注意，尽可能延长应付账款的清账期限、增加应付账款虽然从“增加工厂资金”这一角度来看是一个好办法，但对于交易方来说，会造成对方的应收账款回收时间延长。所以如果没有调查清楚对方是否有足够的资金实力，可能遭遇到哪天对方突然倒闭破产的事态。这样一来自家工厂的生产也会无法进行，所以定期对交易方的经营状况进行调查也非常重要。

▼ 减少库存

库存是指资金呈“物品”的状态，库存增加的话资金就会减少。因此，如果能够消耗掉库存，把其转换成资金，即可相应地增加工厂资金。

在这里，重要的是生产现场是否能时刻意识到这一点。如果生产现场能随时了解目前的库存是多少，也就是说有多少资金处于冻结状态，全体员工能意识并理解到工厂的重要资金正躺在仓库中，那么就能够产生让这些库存尽快转换成资金的意识。

笔者曾在某大型机床厂进行过生产现场改善工作，当时，我询问过生产车间经理，仓库中究竟有多少库存。实际上，在那个生产现场存放了非常多的零部件和在制品库存。但那位经理的回答却是，“为什么要问我这个问题？对我们来说，如何让生产赶上客户要求的交货期、如何提高生产率才是最重要的，库存量跟生产车间没有任何关系吧？”

似乎这位生产车间经理并没有理解经营的根本是“如何增加资金”，也没有理解“怎样做才能增加资金”。

减少库存，工厂资金就会增加。相反，如果库存增加，资金就会相应地减少。只要各个生产部门的负责人理解了这一点，就能立刻回答出自己所在的部门有多少资金是以库存形式存在的这个问题，然后以削减库存为目标开展行动。

▼ 贷款·增资

如上所述，工厂拥有的除现金以外的资产全都是转换成其他形式的资金，所以，除了创造利润外，要想产生资金，削减资产即可。收回应收账款，将库存、闲置的地产、建筑物、设备等出售，就能够增加资金。

除上述方法外，还有其他增加资金的方法。其中一个方法就是贷款。如果能从银行等机构贷款，工厂资金就会增加。公司债券也有同样功效。另外，增加资本也能使资金增加。按理说如果没有还款的可能性，就不可能从任何人那里借到款项，但如果是增资的话，不仅有分红，还能提高工厂的价值。通常情况下，这种贷款和发行公司债券之所以能够实现，都是以工厂的良好经营状况为前提的，多数情况下都是工厂为扩展新业务进行投资时的一种确保原始资金的手段。

笔者也遇到过不少非此类情况的案例。比如：分公司创建失败而导致资金短缺，作为应急策略，分公司会向总公司申请紧急融资和增资；因人为原因导致了经营失误，对其引起的资金短缺进行融资等。原本，通过贷款和增资增加工厂资金这一举措，应该是只有在该公司的业务利润预计能够与融资、增资相抵时才可以进行。所以切记一定要避免因为诸如分公司创立失败、人为失误导致的资金短缺而采取向总公司申请融资这种紧急措施的情况。

2-3 资产负债表的基本内容

2-3-1 资产负债表的定义

实际上，笔者论述的以上内容全都是与资产负债表相关的内容。正如我一再重申的，经营的根本是如何在业务中创造资金，以及如何使用这些资金进一步创造新的资金的这一循环。也就是说，为了创造资金，不仅要提高利润，理解 B/S 也是极为重要的。

下面我们就来讨论一下这个 B/S。所谓 B/S，即体现工厂资产状况的财务表格（如图 2-1）。B/S 的左侧为借方，右侧为贷方。另外，借方一栏表示工厂资产，贷方一栏表示资金是如何筹措的。

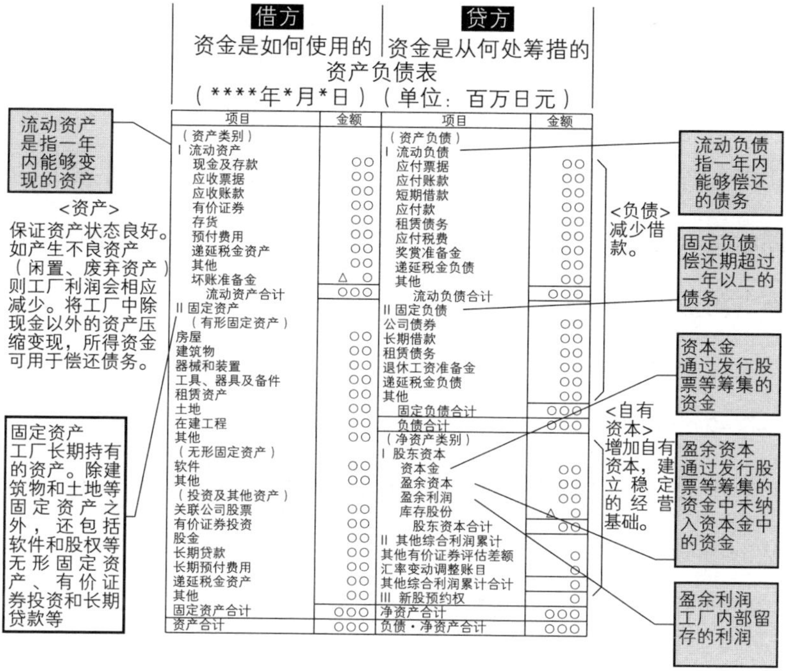

图 2-1　资产负债表（B/S）格式范例

借方表示工厂目前持有的资产，贷方表示工厂从何处筹措的资金。

平时没有见过 B/S 等财务表格的读者估计不在少数，通过 B/S 表格需要检查的最主要的一点是工厂是否真正有效地使用了资金。如果工厂持有对目前的经营业务无用的资产，就会造成多余的资金浪费。经营的根本是如何利用最少的本钱创造资金，所以最重要的是，仅保留目前业务所真正需要的资产。

如果在借方资产一栏中，发现存有目前业务不需要的资产，即证明这项资产是工厂资金在使用上的浪费。如果是无法创造新的资金的资产，就必须将之尽快地转换成资金。如能将转换获得的资金用于返还工厂的借款，则能在改善工厂财务状况的同时减少应支付的利息。这样做还能确保工厂有更多用于产生新的附加价值的投资资金。

2-3-2　读解 B/S

下面，我们围绕借方一栏的内容，看一看读解 B/S 时应确认的事项。

借方一栏，表示目前工厂拥有的资产，资产一栏的表记方式按照资金流动性由高到低（是否易于变现）的顺序进行排列。一年之内可以变现的资产称为“流动资产”，变现时间需要一年以上的则称为“固定资产”。由图 2-1 的 B/S 范例可见，最上面的一项是现金，其下分列着应收票据和应收账款等项目。应收账款和存货等此类流动资产能够快速变现。

固定资产包括设备、建筑物、地产等。此类资产不能快速变现，且属于长期使用的资产，称为固定资产。

不论是流动资产还是固定资产，其本质都是工厂资金转换成了资产的形式。因此，除现金外，压缩这些资产栏中的工厂资产均能够增加工厂资金。减少应收账款能使工厂资金增加，削减库存能够使工厂资金增加，出售闲置资产也能够使工厂资金增加。

经营工厂时，最重要的就是如何有效地利用资金。如上所述，无法创造资金的不良“资产”就是对资金的浪费。这个道理放到我们的家庭生活中很容易理解。很少有人会在家里存放能吃一年的大米吧？但如果换作是工厂，对长期滞留的库存等闲置资产放任不管的情况却很多。

笔者经常接到帮助工厂重建经营的委托，其中大多数工厂的资金循环严重恶化，当务之急就是对资金体系进行改革。在这种情况下，比起提高利润，首先应对 B/S 中的借方一栏的内容进行彻底的压缩和清理，讨论和决定将哪些不良资产转换成现金。常规的做法就是让当前的资金循环恢复正常，并在此基础上采取措施改善收益，以避免资金流失。

虽然听起来非常简单，但在这里笔者希望大家理解，“通过精简库存，出售闲置地产、建筑物、设备等进行资产压缩后，能够增加资金”。换言之，就是如何使 B/S 表格尽可能的简洁。生意人考虑的是如何利用很少的本钱增加资金。其根本就是把资金用在真正对生意有用的地方。所以，一个真正的生意人的 B/S 报表一定是非常精简的。

贷方一栏，是体现了资金是如何筹措的（这些筹集的资金转换成资产的形式后即体现在借方一栏中）。表记方法与借方相同，也以流动性的高低为序进行排列。从上至下按照应还款和支付的先后顺序进行排列。

必须在一年以内偿还的负债称为“流动负债”，而偿还期限在一年以上的债务为“固定负债”，另外，不需要偿还的自有资本称为“净资产”。流动负债包括应付账款、短期借款等，固定负债则指公司债券和长期借款等。

净资产必须为正

在这里，为大家介绍一点在推进工厂经营时必须注意的事项。那就是净资产为负数时意味着什么。通过读解 B/S 的内容可知，在净资产中，除资本金和盈余资本外，还有盈余利润。所谓盈余利润，即工厂经营至今从所获得的利润中留存下来的资金。

然而，这个盈余利润会在工厂出现持续赤字或较大亏损时减少，变为负数。当这个负数大于资本金或盈余资本时，工厂的净资产就会变为负数。

一旦陷入这种状况，借方一栏中资产合计金额小于负债合计金额，会导致即使出售全部工厂资产也无法偿还所有负债。

这种工厂负债（债务）超过资产总额的状态称为“资不抵债”。也就是说，若无法控制赤字，就会陷入债务超过资产、资不抵债的境地。这样一来，由于净资产为负，股票价值也就化为虚有。

当然，陷入这种状态的工厂一定找不到融资的渠道。还会被债权方要求尽早偿还贷款，工厂发展难以为继。为了避免此类状况的发生，必须持续地获取利润。

为实现良好的工厂经营，少些负债、多些自有资本才是正确的。因此，从稳定经营的角度出发，应尽量减少工厂借款。为此，在获取利润、创造资金的同时，压缩工厂资产并转换成现金，然后将之用于偿还工厂的债务，这种方法是很重要的。关于这一点，会在“2-4　现金流量计算表的基本内容”中详细阐述。

还有，在贷方筹措的资金中，也会有成本消耗，对这一点要做到心中有数。不仅借款需要支付利息，股票也需要分发红利。甚至还需要使股票价格进一步升值。出售工厂自有股份就是这个道理。这些成本叫作“资本成本”。

严格地讲，从经营角度出发，在经营中必须将这些在筹措资本时产生的各种成本也考虑到，在此基础上讨论如何规划工厂负债。站在经营负责人的立场上时，必须建立减少借款、彻底贯彻健全的工厂经营的工作目标。

2-3-3 在 B/S 中应确认的问题

那么，为实现良好的经营状况，在 B/S 表格中，平时需要确认哪些项目呢？

其中一点就是我多次重申的，只保留目前经营中真正必要的资产，检查确认每项资产是否是闲置（不良资产）的。也就是说，要经常确认工厂是否留存了无用的资产，固定资产是否得到了充分利用，是否已变得不能再使用而需要废弃。

换言之，通过充分压缩工厂资产，把资产转换成现金，然后用于偿还债务以及工厂成长扩大的投资。这样才能将 B/S 表格彻底精简。那么，具体应该如何读解 B/S 呢？以下内容就是对读解 B/S 的要点所做的解释说明。

▼ 比较流动资产的周转天数

为实现 B/S 精简化，首先必须记住一点，即“周转天数”。表 2-1 是某行业各工厂流动资产的比较表。各工厂流动资产的周转天数为资产总额除以每天的营业额（年营业额/365）得出的数据。这样对周转天数进行比较，就可以很快比较出各工厂资产的多少。

表 2-1　流动资产周转比较示例

单位：百万日元、天数

	A公司		B公司		C公司		D公司	
	金额	周转天数	金额	周转天数	金额	周转天数	金额	周转天数
现金及存款	2,811	52	9,467	345	12,111	169	2,670	46
应收票据及应收账款	9,191	169	2,870	105	7,077	99	4,363	75
有价证券	5	0	4,601	168	0	0	0	0
存货	3,506	65	600	22	1,288	18	1,070	18
商品及制品	781	14	411	15	26	0	301	5
在制品	212	4	92	3	432	6	401	7
原材料及备货	2,513	46	97	4	830	12	368	6
递延税金资产	5	0	161	6	281	4	280	5
其他	100	2	277	10	485	7	43	1
流动资产合计	15,620	288	17,978	655	21,245	297	8,428	144
（现有存款・有价证券除外）	12,804	236	3,910	142	9,134	128	5,758	99
营业额	19,813	365	10,016	365	26,100	365	21,323	365
营业利润	−523	−2.6%	323	3.2%	1,166	4.5%	1,957	9.2%

如表所示，A 公司应收账款的周转天数是 169 天，可知该公司回款周期比较长，且有五个月以上的应收账款。如果该公司能像 D 公司那样，以周转天数 75 天（两个半月）对资金进行周转，将能创造多少现金呢？如果应收账款周转天数变为 75 天，工厂应收账款则为 91 亿日元×75 天/169 天＝40 亿日元，就产生了 51 亿日元的流动资金。

A 公司存货的周转天数是 65 天，也很长。如果能达到 D 公司的 18 天的水平，将能够创造出 25 亿日元的流动资金。实际上，A 公司的负债也很高，财务状况很脆弱。这样的工厂首先必须彻底进行资产压缩，以创造出更多的资金、使财务状况健全化。

通过这个例子可以知晓，作为经营者，应该每天确认以下两点：一、是否尽可能地缩短了应收账款的回收期限；二、是否把握和了解了存货中有多少天份额的原材料库存、在制品库存、成品库存，并做到切实地减少这些库存。

但是表 2-1 中的周转天数是各公司存货除以每天的营业额得出来的，仅看这个表格是无法立即得知有多少天份额的库存的。那么，库存天数应该如何求得呢？首先，我们从原材料库存的周转天数开始分析一下。

只要知道盈亏表（P/L）中的材料费比例，就能计算出原材料库存的周转天数。比如：原材料费用占营业额的比率是 40%，以 A 公司为例，原材料库存天数即为 46/0.4=115 天的份。

关于在制品库存的周转天数，虽然一般情况下必须确认对在制品的价值是如何估算的，如果不知道，也可以按照加工工程已经进展到一半这一假设来推演计算。实际上，在制品的库存持有天数体现了制造业的生产周期（lead time）。原材料只有在投入到生产工序中，开始加工时才成为在制品。在制造出成品前都按在制品处理，因此在各生产工序中的所有库存均为在制品库存。也就是说，整个生产制造工程中只有在制品库存持有天数，所以这个天数代表生产周期。

如上所述，在制品库存如果以原材料费用、加工费用的一半来进行估算的话，那么假设生产成本（原材料费用和加工费用的总和）为营业额的 80%，除去原材料费率的 40%，加工费率 40%中的一半即 20%，就可以用这两个数值来估算在制品。

原材料费率 40%+在制品加工费率 20%=60%，即为在制品占营业额的费用比例。因此，A 公司的在制品库存持有天数为 4/0.6=6.7 天。

关于成品库存，也可以按销售成本占营业额的比例来计算得出。若销售成本比例为 80%，就是 14/0.8=17.5 天的份额。

在进行 B/S 表格精简化时，请务必要认真管理以上这些指标。

每月的管理也要采取——抽丝剥茧的方式——

表 2-1 的例子是采用了与其他公司进行比较的形式，以营业额实际业绩为基准计算得出了应收债权天数和库存持有天数。但是，在日常的经营管理中，为了更准确、恰当地管理和把握这些指标，不仅要每期，还要每月进行检查和管理。

比如：我们来看一看成品库存持有天数的情况。季节变动的情况下，每月营业额会产生较大波动，因此库存持有天数要根据下个月的销售业绩和销售预期来确定要保留多少月末库存，这样的管理才是正确、恰当的。也就是说，月末库存应该从“库存要保留多少天的份额才能确保下个月的销售和生产”这一视角出发来考虑。

应收账款也是同样的道理。根据当月的销售实际业绩，计算出月末的应收账款周转期为几个月，这样才合理。

要想计算出这些指标，可以用“抽丝剥茧的方式”。所谓抽丝剥茧的方式，以应收账款为例，这个月底的应收账款即本月的营业额、上个月的营业额、上上个月的营业额中的未回收部分的金额，所以要追溯到前几个月以把握有多少金额尚未回收。比如：假设这个月底的应收账款为200万日元，销售业绩本月为90万日元、上个月为70万日元、上上个月为80万日元，200万日元-本月销售业绩90万日元-上个月销售业绩70万日元=40万日元。这40万日元为上上个月销售实绩80万日元的一半，所以可以计为15天的份。那么200万日元的应收账款为这个月的30天份+上个月的30天份+上上个月的15天份=75天份，也就是应收账款周转期为75天。

同样，库存的管理也应采取根据下个月的预计销售量、生产计划（预计使用量）来确定应保留多少天份额库存的方式。这样一来，即使每个月的生产、销售变化很大，也能够轻松判断出各项指标是否合适。

▼ 确认固定资产的循环状况

关于B/S，还有一点必须要确认，即固定资产的循环状况。就是说，要弄清楚投资的设备等固定资产的循环率。固定资产循环率可按“营业额/固定资产”计算得出。

固定资产循环率低的工厂不仅在设备上投资巨大，还存在设备利用率低或有闲置设备、闲置土地的情况。这种情况下，如果以固定资产管理清册为基础检查资产的利用情况，就有必要讨论那些利用率低、闲置的固定资产应该如何处置。

另外，关于固定资产的循环情况，不同行业的差别很大，需要参考各行业的具体数值具体分析和判断。

2-4　现金流量计算表的基本内容

2-4-1　现金流量表的定义

上一节中讲述了 B/S 的基本项目以及将 B/S 精简化的重要性。重视 B/S 的经营正是现金流经营的根本，将 B/S 精简化能够创造新的现金流。

通过工厂目前的主营业务创造资金，并将这些资金进行投资，以为进一步的发展壮大，然后再创造新的资金——为实现这一良性循环，必须理解如何做能让资金增值，什么会导致资金缩水。也就是说，为使资金增值，不仅要关注 P/L，B/S 也极为重要。在考虑应如何运用资金时，必须充分理解 P/L 和 B/S。

下面，就来具体阐述一下表示资金增减的“现金流量表”的基本内容。这是建立资金计划时的基础。

现金流量表分为“经营活动产生的现金流”、“投资活动产生的现金流”和“财务活动产生的现金流”三种类型（图 2-2）。

企业的活动分为
① 经营活动
② 投资活动
③ 财务活动
三种类型，反映每种类型活动产生的资金增减情况的分别为
①经营活动产生的现金流
・企业主营业务产生的资金
②投资活动产生的现金流
・设备投资等投资活动产生的资金增减
③财务活动产生的现金流
・资金借入/偿还和分配红利等财务活动产生的资金增减

		（例）
经营活动	净收益	150
	运营资金增减	–80
	折旧费	100
	经营活动产生的现金流	170
投资活动	设备投资	–100
	股票投资	–10
	投资活动产生的现金流	–110
财务活动	借款增减	–30
	支付红利	–20
	财务活动产生的现金流	–50
	资金增减	10

图 2–2　现金流量表

反映工厂事业活动的根本——“现金”的增减，由工厂主营业务产生的经营活动现金流、反映设备投资和股票投资的投资活动现金流、反映借款情况和红利分配的财务活动现金流这三种类型组成。

经营活动产生的现金流，就是工厂主营业务赚取的资金，投资活动产生的现金流就是用于设备等的投资所使用的资金。财务活动产生的现金流反映了工厂的借款和增资、偿还借款和分发红利等的资金增减情况。下面进行详细的阐述。

2–4–2　经营活动产生的现金流

所谓经营活动产生的现金流，即工厂主营业务创造的资金。用一句话概括就是工厂净收益和运营资金的增减以及折旧费用的合计（参照 P34“现金流量表补充内容”）。

作为工厂的自有资金，是从主营业务产生的利润总额中减去所得税以后的公司利润留存，即纯利润（净收益）。

所谓运营资金，是指支援工厂日常正常运转（营业活动）的必要资金。也就是购买原材料、将资金转换成库存资产、将原材料进行加工制造成成品、销售产品后资金进账——这一系列营业活动的过程中必要的资金。具体来说，应收账款、应付账款以及库存的增减导致并决定了运营资金的增减。这些运营资金增加，工厂可用的现金流就会减少。应收账款增加等同于无偿借出的资金增加了，所以导致资金减少。相反，应付账款是尚未支付或延迟支付的资金，工厂可用现金流就会增加。库存是工厂现金变为“物体”的形态，因此库存增加了，工厂的现金流就会减少（图 2-3）。

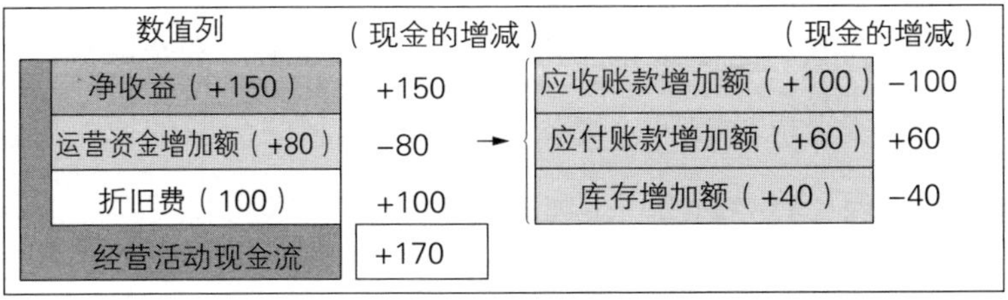

图 2-3　经营活动现金流

工厂主营业务产生的资金，为扣去应缴纳税款之后的利润和运营资金的增减以及折旧费用的合计。另外，在运营资金中，应收账款和库存是工厂现金转化成了其他的资产类型，因此应收账款和库存增加了，工厂现金流就会相应地减少。另一方面，应付账款为尚未支付的款项，此项增加也会使工厂现金流增加。运营资金是指（应收账款-应付账款+库存），在工厂日常营业活动中所必须的资金，是不能动用的资金项目。折旧费虽然是费用，但实际上并没有现金的支出，所以会增加工厂的现金流。

折旧费不能产生现金

但是，除利润和运营资金的压缩外，还有其他可以增加工厂资金的费用项目。

我们通过观察 P/L 可以看到，通常，费用中有一项叫作“折旧费”。折旧费是将设备和建筑物等作为使用费用分期计入会计表格，这项费用从工厂资金的观点来看，是在设备投资时已经支付的款项，虽然在当期的盈亏表中作为费用计入，但实际上并没有发生现金的支出。由于利润是减去折旧费之后得到的数额，所以从资金的观点来看，这个折旧费是使工厂的资金增加了。为此经营活动产生的现金流要在缴纳税款之后的利润和运营资金的增减额的基础上再加上一项折旧费用。

另外，工厂进行营业活动时无论如何都要使经营活动现金流的数额为正，这是最根本的。否则就会令工厂资金减少。投资的原始资金也没有了，借款的偿还和红利的分配的原始资金都无法确保，将导致工厂走向穷途末路。

现金流量表补充内容

通过观察实际的现金流量表可知，有些项目的金额可以调整为正或负，所以对这些项目的意义做简单的补充说明。

利润中，除了工厂主营业务产生的利润，还包含固定资产处置盈亏和出售投资有价证券的盈亏等。严格地讲，关于出售固定资产所产生的盈亏这一项，必须要移动到投资活动产生的现金流分类中。

另外，利息收入、股票红利、支付利息等不能算作原本主营业务产生的利润，因此要记录在经营活动产生的现金流小计的下面一栏。经营活动产生的现金流小计的下面一栏是无法计入投资活动现金流和财务活动现金流的一些项目的汇总。严格来讲，这些项目难以计入工厂的主营业务产生的现金流中，但因没有其他合适的可以计入的栏目，从经营的观点出发不必太过纠结。

而且，小计上方的利息收入、红利、支付利息等金额与小计下方的金额不一致，是因为上一期的预付利息、未支付利息的增减金额与 P/L 表上的收入/支出利息的金额在现金层面上出现了差额，所以有必要将这个增加金额加进去一起计算。

2-4-3 投资活动产生的现金流

投资活动产生的现金流是用于设备投资和股票投资的资金支出。通常，投资会导致工厂资金减少，所以投资活动产生的现金流基本上均为负数（如图 2-4）。当然，出售固定资产和股票会使投资活动产生的现金流为正。

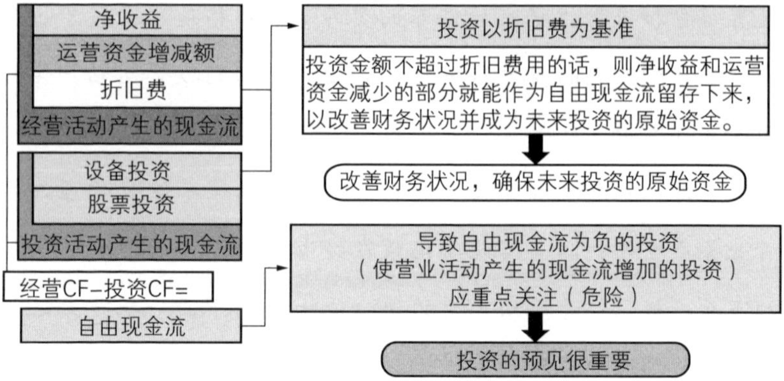

图 2-4　投资活动产生的现金流

用于设备投资和股票投资的资金支出。由于资金减少，现金流上会呈现负数（出售有价证券和固定资产时则为正）。

那么，从经营的立场出发，该如何判断工厂可投资金额的范围呢？如果没有一个判断基准，制定年度经营计划时，如果部下提出“这项投资绝对有必要”，也会无法做出正确判断。

投资以折旧费为基准

首先，假设我们进行了一项能使经营活动产生的现金流增加的投资，那么请思考一下，结果会如何呢？经营活动产生的现金流减去投资活动产生的现金流的差额称为“自由现金流”，如果投资金额超过经营活动产生的现金流，那么自由现金流当然会变为负数。这意味着工厂资金的减少。因此，如果手头没有足够多的现金，就无法预备出用于借款和增资等的资金，进而使这项投资无法实行。

如果不是以新业务的拓展为目的，而是为了维持目前现有的业务，就不得不进行使经营活动产生的现金流增加的投资，那么这项业务越是持续下去，工厂的资金越会不断减少。也就是说，这项业务使工厂现金不断流失，工厂经营也将难以为继。这种使经营活动产生的现金流增加的投资项目，从工厂持续发展和经营的角度来看，存在很大的问题。

那么，通常情况下，工厂对事业投资的范围应该如何考量和界定呢？笔者建议，把折旧费用的金额作为界定既存业务的投资额范围的基准。如果投资额不超过折旧费，净收益和运营资金增减的金额就可作为自由现金流被留存，这笔资金就能够作为偿还借款和未来投资的原始资金。

各位读者朋友如果遇到必须自主制定投资范围的情况，请以这一判断基准进行决策。

投资的预见

既然要使用宝贵的资金进行投资，辨明这项投资是否妥当就变得极为重要。如果投资判断失误，就会给工厂经营带来致命的打击。实际上，日本也有一些极具代表性的财务状况优良的工厂由于投资判断失误而导致身负巨额债务的例子。

另外，即便不是大额的投资，由于投资判断的失误而高价购买了一些设备，最后却只能闲置的例子也屡见不鲜。对于已经大量投产的商品，为尽可能减少其中零部件的生产加工成本，引进了大型的加工冲压机床。然而，没过多久，商品本身得到了大幅度的改良和进步，而需要用这台冲压机床加工的零部件本身也被省略和替换掉了。这样一来高价的冲压机床就成了闲置物品。在这种投资判断中，必须具备对商品进化的预见性。反之，一旦进行了巨额的设备投资，商品的制作和工序就会受到必须使用这件设备的制约，结果还会导致商品本身的市场竞争力下降。既然了解了不少投资判断失误成为工厂经营致命伤的案例，就必须在投资前进行充分的研究和讨论。

另外，不仅是高价设备等大型投资，对于小规模的投资，也应该始终以这项投资会产生多少现金的视点出发进行判断。

第 3 章中我们还会讲到，即使投资判断失误也决不能投资购买放钱的架子、藏东西的抽屉/工具箱等物品。搬运工具类的叉车铲车、有轨电车、输送机等也要特别注意。一般这些工具都是以提高物流效率为目的购入的，但在工厂车间，无论采用何种方式移动、搬运一件东西，都不会让商品的价值提高。工厂内没有移动一公里就提高其价值的东西，所以最根本的还是不必费力地搬运和移动，以及对现场进行合理地改革和规划。

笔者曾为一个工厂车间提供过改造咨询和帮助工作，在实施削减库存的方案时，也见到了不少诸如废除货架仓库、弃用搬运工具设备等例子。只保留真正有必要的资产，就能腾出很多空间。将这些空间充分利用起来，布置下一个工程，或用于平衡各生产线，就能使生产制造空间实现同层化，省去货架和搬运工具这样的案例有很多。也就是说，关于投资，最重要的是从真正能创造出附加价值的视角出发，将目前生产制造的商品的更新换代等因素也考虑进去，判断该项投资能在将来使用多久。

将资本成本也考虑进去

从现金的角度来看，如何判断投资行为的成败呢？必须要考虑的一点就是能否获得超出投资额的回报。但是，严格来讲，仅考虑这点尚有不足。

我们在讲解 B/S 的内容时也曾提到，实际上，投资使用的资金会产生成本损耗。从银行等机构借款必须要支付相应的利息。公司债券和股票产生的成本比借款还要多。因为公司必须对股东发放红利。股市有风险，但如果看清风险就能抓住机会，获得较高回报。

不仅要回收投资的金额，还必须判断能否将包括在筹措这些资金时所产生的成本“资本成本”回收（图 2-5）。因此，判断投资是否可行，一般是在考虑资本成本的同时利用净现值法（NPV 法）进行判断［参照 P40“目前价值多少？——净现值法（Net Present Value）”的内容］。

不过，有些投资，即使不能产生利润也必须做。最具代表性的投资就是对安全和环境等的投资。进行这些投资最重要的就是投资的时机以及对投资内容的预见。

如果在可自由支配的自由现金流为负时进行投资，经营陷入资金不足的可能性很高。因此，必须将各投资项目按优先级进行排序，讨论在资金周转正常的范围内应优先进行哪项投资。

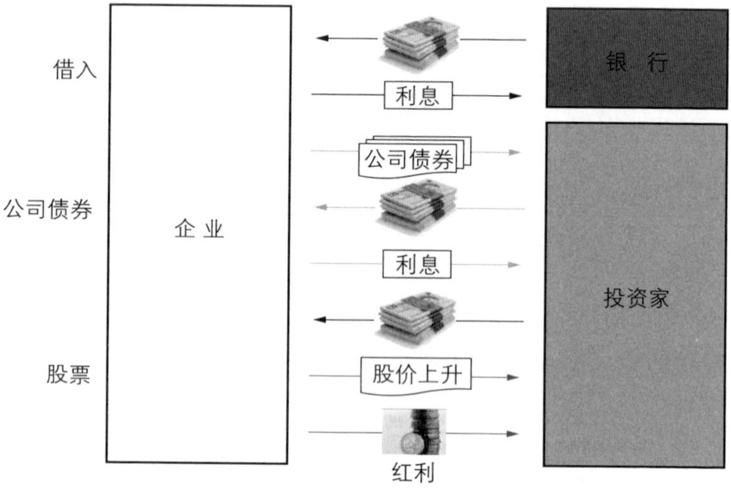

图 2-5　资本成本

资金的使用成本，具体由利息+股东期望的收益组成。

目前价值多少？——净现值法（Net Present Value）

用于投资的必要的资金会产生资本成本，因此，能否回收“投资本金+资本成本”的合计金额，才是进行投资判断时的重点。评估这个核算性的代表方法就是净现值法（NPV 法）。

NPV 法是指，将投资活动产生的现金流折合成现值后，减去资本成本，比较得出的资金总额是否大于投资金额的一种判断方法。

比如：债券利率为 5%时，将一年后的 100 万日元换算成现值就变为 100 万日元/1.05=95.2 万日元（反过来说，95.2 万日元如果按年收益率 5%算，一年后就会变为 100 万日元）。按照这个计算方法，将未来创造的资金换算成现值，判断这一现值是否高于投资金额。这种折合成现值的方法叫作 DCF 法（Discounted Cash Flow）。

资本成本为 5%，470 万日元的初期投资额在五年内，每年会产生 100 万日元的现金。下面，让我们来具体分析一下这一案例。

将五年内产生的现金换算成现值，然后减去初期投资额得出 NPN 值：

NPV = − 470 万日元 + （100/1.05 + 100/（1.05）2 + 100/（1.05）3+100/（1.05）4+100/（1.05）5=−27 万日元

也就是说，将资本成本计算在内后，投资无法回收。

如上所述，判断投资的收益性时，不仅要考虑投资的本金，还必须预估将这一资金的成本损耗包含在内以后能否回收总投资额。

2-4-4 自由现金流

如上所述，经营活动产生的现金流减去投资活动产生的现金流得出的即为自由现金流。这是通过工厂主营业务产生的，工厂可自由支配的资金。自由现金流可用作偿还借款和面向工厂未来发展的战略性投资的原始资金（图 2-6）。

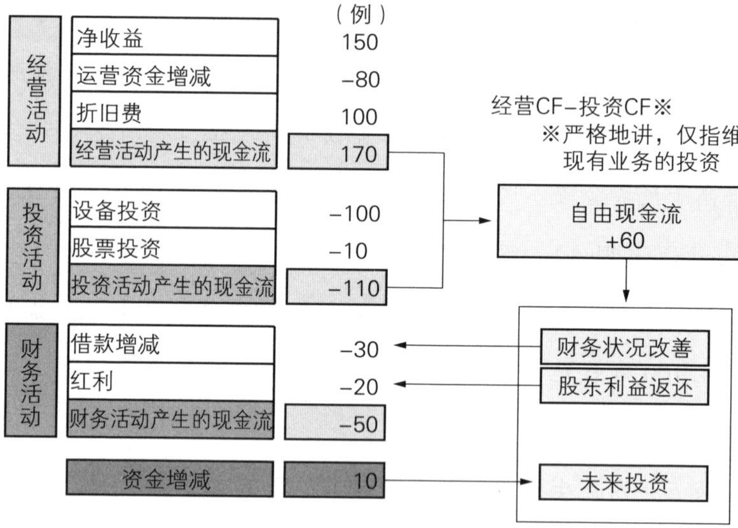

图 2-6 自由现金流和财务活动产生的现金流

工厂如果不依赖外部的金融机构，靠自己独立获得资金，使工厂持续发展，那么使工厂自由现金流最大化就变得极为重要。换言之，工厂是否在未来具有可持续发展的能力，衡量这一工厂价值的最重要的一点就是自由现金流。

如果工厂创造现金的能力低下，也就是自由现金流少，就会被认为偿还债务的能力和能使事业持续发展的投资能力差，因为这两点都需依靠自由现金流才能实现。

工厂的事业价值，以该事业在将来能产生多少自由现金流的总现值来表示。也就是说，用该事业在未来能创造多少现金来评价。

在实际经营中，最重要的是无论如何都要保证自由现金流为正。自由现金流为正，工厂才能够快速应对偿还的借款以及突发的资金需求。相反，如果工厂自由现金流持续呈负，也就是说工厂的现金在不断外流，那么就应讨论和考虑取消业务或出售工厂。

在经营计划的制定阶段，确定自由现金流是否为正，这一点十分重要。如果工厂自由现金流为负，则说明工厂有可能资金不足。这时就必须讨论如何进行资金筹措。

另外，在现金流量表中，并没有记录“自由现金流”这一项。这一项目必须自己计算，因为该指标在经营上是一项极为重要的数值。

2-4-5　财务活动产生的现金流

接下来我们来讲一讲财务活动产生的现金流。所谓财务活动现金流，是指借款、还款、分红等由财务活动产生的资金增减。财务活动产生的现金流为正，说明工厂进行了诸如借款和发行公司债券、增资等资金筹措。相反，如果财务活动产生的现金流为负，则应该是偿还了借款以及实行了卖出自有股票、股东分红等改善财务状况和股东利益返还的政策。也就是说，财务活动产生的现金流为负的状态才是良好的、健全的。

2-4-6　资金计划的建立

至此，我们已经就现金流量表的基本内容做了详细的介绍。现金流量表是建立资金计划时的基础。作为经营活动产生的现金流，除去税金之后的利润有多少能够保留？另外，能够压缩出多少运营资金？折旧费是多少？可用作今后的投资的额度是多少？在充分考虑所有这些因素的基础上，自由现金流是多少？在偿还了借款、分发了红利之后最终会在初期投入后增加多少资金？——在制定计划时必须测算这些数值。

相反，设定并探讨从资金计划到库存压缩目标、投资额范围等事项都很重要。所谓经营，就是如何使资金增值，所以作为经营者，能做到迅速对这些资金配置进行规划是最基本的。

以上阐述的现金流量表是用“间接法”作成的。实际上，现金流量表有两种制作方法——“间接法”和“直接法”。直接法就是以与资金周转表（关于资金周转表会在第 7 章进行说明）相同的方法制作经营活动现金流。但是，具体做法在此省略，以直接法制成的现金流量表难以判断资金的配置，所以只需记住间接法制成的现金流量表即可。

正如我反复强调的，经营的根本是如何使资金增值。为此，要创造利润自不必说，更重要的是不要忘记：用错误的创造利润的方法会导致资金减少。

在此，笔者重新整理归纳了错误的创造利润的方法（图 2-7）。利润会骗人但资金不会。实现工厂健全经营的根本在于现金流经营，这一点一定要铭记于心。

① 库存增加（即使没有销售，生产的成品库存也会增加）……利润增加但资金减少
② 即使有长期滞留的存货资产，也不做废弃处理（因为废弃就会使利润减少）
③ 过少的折旧
④ 虽有未回收的应收债权，但还是一直销售给付款信用不良的客户以提高营业额
⑤ 以延长应收账款回款期为条件，进行塞货销售以提高营业额

图 2-7　无视工厂资金状况创造利润的典型例子

虽然 P/L 表格可以自由操作，但资金是绝对诚实的。即使我们会被利润迷惑，但“资金”却不会说谎。越是想积攒利润，为创造利润而无视现金流，做出了上表中的行为，结果会导致工厂资金的减少。

表 2-2 的内容分别表示了在制作现金流量表时，经营活动产生的现金流、投资活动产生的现金流、财务活动产生的现金流时现金的增减变化的计算。如何使资金增值，什么会导致资金缩水，请参照表 2-2 进行理解和把握。

表 2-2　制作现金流量表时各项资金的增减

项　目	说　明
Ⅰ 经营活动产生的现金流	
1.当期净收益（+）	·净收益直接会使资金增加+
2.回收·支付期限·存货资产	
① 应收票据的增加（-）·减少（+）额	·应收票据的增加相当于是资金无偿出借的状态，因此-
② 应收账款的增加（-）·减少（+）额	·应收账款的增加也相当于资金无偿出借的状态，因此-
③ 存货资产的增加（-）·减少（+）额	·存货资产的增加使资金变成物态而减少，因此-
④ 其他流动资产的增加（-）·减少（+）额	·其他流动资产的增加使资金也变为流动资产，进而减少-
⑤ 应付票据的增加（+）·减少（-）额	·应付票据增加是尚未支付的金额增加，因此资金增加+
⑥ 应付账款的增加（+）·减少（-）额	·应付账款增加也是尚未支付的金额增加，因此+
⑦ 预收账款的增加（+）·减少（-）额	·预收账款的增加是提前得到的钱，因此+
⑧ 其他流动负债的增加（+）·减少（-）额	·其他流动负债的增加即尚未支付的钱增加，因此+
3.不产生现金支出的费用项目	
① 折旧费（+）	·折旧费虽计入费用但实际没有资金支出，因此+
② 各项准备金增加（+）·减少（-）	·准备金计入费用但未产生资金支出的部分即增加+
经营活动产生的现金流合计	·应保证经营活动现金流为正
Ⅱ 投资活动产生的现金流	·以设备投资为主的投资支出资金则为-，出售则为+
1.有形固定资产的购买（-）·出售（+）额	
① 房屋·建筑等的购买（-）·出售（+）额	
② 机器·装置等设备的购买（-）·出售（+）额	
③ 土地的购买（-）·出售（+）额	
④ 在建工程的增加（+）·减少（-）额	
2.无形固定资产的增加（+）·减少（-）额	
3.投资其他资产的购买（-）·出售（+）额	
① 投资有价证券的购买（-）·出售（+）额	
② 长期贷款的贷出（-）·回收（+）额	
③ 递延资产的增加（-）·减少（+）额	
投资活动产生的现金流合计	
自由现金流（Ⅰ+Ⅱ）	·确保自由现金流为正数是经营的根本
Ⅲ 财务活动产生的现金流	
1.短期借款的增加（+）·减少（-）额	·借款的增加就相当于资金增加，因此+
2.长期借款的增加（+）·减少（-）额	·借款减少，意味着有资金用于还款，因此-
3.公司债券的增加（+）·偿还（-）额	
4.增资（+）额	
5.自有股票注销（-）额	
6.发放红利（-）额	
财务活动产生的现金流合计	·财务活动产生的现金流为负说明企业财务状况健全
现金的期首余额	
现金的增加·减少额（Ⅰ+Ⅱ+Ⅲ）	
现金的期末余额	

第 3 章

用 5S 法对现金流经营进行实践

5S 管理法是众所周知的。但令人意外的是，很少有人能够理解 5S 法在经营中真正的意义。5S 在通过资产压缩创造现金及健全的资产管理的同时，还与创造利润紧密相关。

本章将具体解说这一在现金流经营中不可或缺的 5S 经营的意义以及具体的实践方法。

3-1 压缩 B/S 的重要性

在第 2 章中，主要围绕现金流经营的基本内容进行了阐释。其根本是在创造利润的同时，彻底将浪费、闲置的资产转化成现金，也就是说，仅保留对目前主营业务真正有必要的资产。

库存再多，也都是工厂资金成为“物化”形式的结果，而且这些“物化”资金无法产生新的附加价值。不仅如此，这些库存甚至还会产生仓库费用以及用于盘货、库存管理的费用。与其以库存的形式让资金闲置、冻结，还不如将这笔资金用于购买设备，这样还能够创造出一定附加价值。换言之，要想实现现金流管理，关键在以下两点：

①如何使 B/S 更简洁（如何进行资产压缩）

②在此基础上如何创造利润

或许很多读者都曾听说过“总资本利润率（ROA）”这个概念。所谓 ROA，即利润除以总资本后得到的数值。由于

ROA＝净利润/总资本，所以将总资产彻底压缩，就能实现利润最大化，也就是说现金流管理的实现就是如何提高 ROA。

该公式也可表示为 ROA（净利润/总资本）＝（销售利润率（利润/营业额）×（总资本周转率（营业收入净额/总资本）。也就是说，实现现金流管理的关键在于如何提高销售利润率、总资本周转率（图 3-1）。

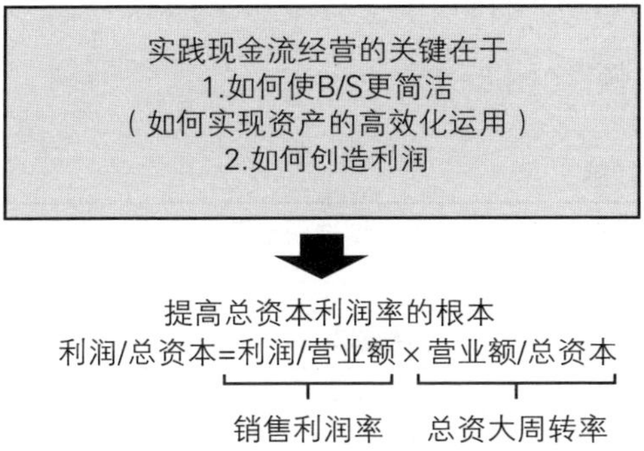

图 3-1　现金流经营的实践

现金流经营即将资产负债表（B/S）进行精简，提高利润。

下一节，我们来具体讨论如何压缩资产。

3-2　5S 是现金流经营的根本

5S（整理、整顿、清扫、清洁、素养）管理法是生产制造的基础。对此大概无人有异议。但实际上 5S 管理法也是推进现金流经营的基础，而理解这一点的人却很少。

现金流经营的基础，首先应从仅保留对目前主营业务所必要的资产这一点入手。而这一点正是 5S 中的“整理”。接下来，必须要随时随地、快速查明所有资产的分布和分配，实现健全的工厂管理，这一点则是“整顿”。

也就是说，压缩资产、实现健全的资产管理的基础，即“整理”、“整顿”（图 3-2）。

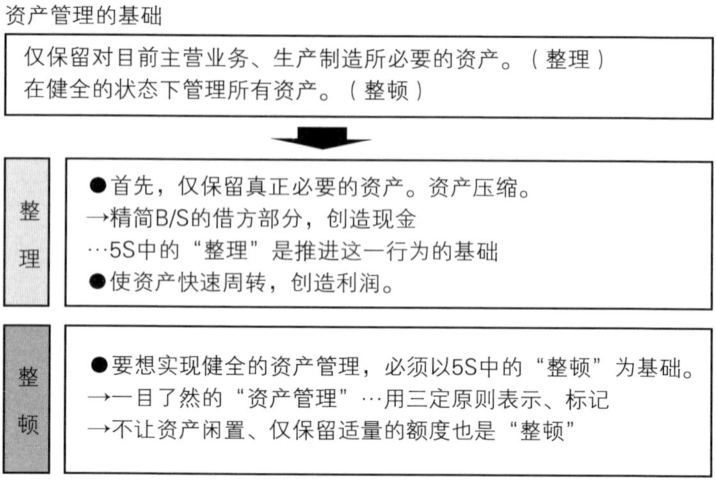

图 3-2　如何实现健全、精简的 B/S

为仅保留必要的资产进行“整理”，为使管理更简便而进行“整顿”。

没有彻底实践 5S 管理法的工厂的经营者一定没有理解现金流经营的精髓，甚至可以说这家工厂不会经营。换言之，仅观察工厂的生产现场即可分出工厂经营者、管理者实力的高下。

通过向股东和金融机关借款等手段筹措的宝贵资金，最终却成了滞留库存和闲置设备被放任不管，这种运用资金的方式是绝对不允许出现的。

在生产现场或仓库里存放着两、三个月前购置的零部件以及几个月前完工的成品，或是堆积了很多闲置设备和模具，这样的工厂就是不知道该如何使用资金的工厂。

笔者由于工作关系，有很多拜访各工厂的机会，在去生产制造现场考察前，笔者都会先绕着工厂厂房四周查看一圈。连建筑物的四周都到处堆积、闲置着各种“物品”（资产）的工厂，其经营数据肯定也不会乐观。这样的工厂的经营者大多数都对 B/S 毫不关心，对现金流也没有丝毫了解。

相反，将 5S 管理法实践得比较彻底的工厂，大多都有漂亮的经营数据。5S 管理法就是如此真实地反映了现金流经营。

如果您担任工厂经营相关的工作，那么笔者建议首先应彻底地推进、实施 5S 管理法。这样，就一定能将工厂资产大幅度地压缩，创造和产生出资金以及新的利润。（参照 P52“生产制造”应秉持的态度——让资产高速周转）

“生产制造”时应秉持的态度——让资产高速周转

只要理解了现金流经营的基础，就应该能够明白在“生产制造”时应秉持什么样的态度了。

那就是不要让资金变成原材料库存而无法运用，不要因在制品库存而使资金冻结，不要因成品库存而使资金无法周转。也就是，如何使“购入零部件后立即加工并出货，然后将其转换成现金”这一资金循环的高速周转（图 3–A）。

由此可知，“前言”中提到的“无滞留生产制造”不仅是为了缩短生产制造的生产周期（lead time），也不是为了提高大面积生产的生产力，从现金流经营的观点来看，其在防止资金闲置、冻结，让资产高速周转方面也有着极为重要的作用。

这样看来，为提高生产率、减少器械在转换时产生的损失，是应该采取“批量生产”，还是应该讨论如何“在超短时间内进行转换”，在这两者之间应如何选择，不言自明。我们应该采取的态度是，能够实现高速周转的生产制造，即能够实现最小的存货资产、最高效的资金使用方式的态度。在推进生产制造革新活动方面，也应在真正理解经营的根本的基础上进行。

以现金流为根本的“生产制造”的基础是

购入零部件后立即生产加工并出货，然后将其转换成现金。

▶ 库存使资金无法被利用，是罪恶。
→资产成本的浪费，还会产生资产管理成本的浪费
▶ 如果有不再运转的设备，投资后的金额就会是浪费。投资额也将无法回收。
→生产制造现场的领导层，一定要持有这种观念。无积压的“生产制造”真正的重要性在于现金流

图 3-A　以现金流经营观点出发考虑，得出的生产制造中应秉持的态度
将库存和闲置设备彻底清除，使资产没有滞留。

3-3　5S 的实践方法

说到 5S 概念，所有从事与生产制造相关职业的人应该无人不知。但是，在形式上实践了这个管理法，而实际上并没有实现真正的 5S 管理法的工厂不在少数。下面，笔者就从经营的角度出发，重新解说一下 5S 的意义和推进方法。

对 5S 的意义笔者做了重新整理，如图 3-3 所示。

所谓整理，即将需要的东西和不需要的东西分开，并将不需要的东西处理掉；所谓整顿，即一种能将必要的东西在必要的时候快速找出并使用的状态；所谓清扫，即无垃圾、无污垢的状态；而清洁，就是将上述三种状态保持住；素养，就是养

成遵守规章制度的习惯。

整理	将需要的东西和不需要的东西分开，并将不需要的东西处理掉
整顿	处于能将必要的东西在必要的时候快速找出并使用的状态
清扫	处于没有垃圾和污垢的状态
清洁	保持无垃圾、无污垢的状态（保持整理、整顿、清扫的状态）
素养	养成遵守规章制度的习惯

图 3–3　5S 的意义

以下内容，是对这五点中特别重要的整理、整顿、清扫三项所做的进一步详细的说明和阐述。

▼ 整理——只保留必要之物

通过彻底“整理”，仅保留对目前主营业务、生产制造、工作所必要的物资，处理掉不需要的资产，这一步骤可以说是现金流经营的开始。

没有实施整理的工厂，会还留存着对目前主营业务和工作不必要的资产。这就意味着资金变成了不良资产被搁置，无法周转。如果工厂存在这类无用资产，为了保管这些资产还会花仓库费用和管理费用，甚至办公室费用。

每个月的盘货工作中也会增加对是否存在不良资产而进行的检查。不仅有空间的浪费，还有作业时间的浪费。而且，如果生产现场和施工作业现场存在无用的物资，就会导致作业效率低下，还可能成为导致操作失误和工伤的诱因。多数情况下，也是产生原料处理费（material handling）损失的原因。而且造成废弃损失的可能性也很大。

如果通过整理消除了无用资产，就能使资金优化。一旦工厂车间内腾出了空余空间，就可以通过改变厂房陈设和物品摆放位置来提高作业效率。物流损失也能得到大幅削减。甚至由于没有了不必要的零部件和工夹具，零部件和工具的使用错误的情况也会减少，所以成品率和品质的提高就变得指日可待。这些举措与直接劳务费、品质相关的成本等的削减也有一定关系，因此，最终也有助于利润的提高。

另外，在降低了不必要资产的管理费用的同时，保管这些资产的仓库费用和办公室费用等花费也相应地减少了。多余的在制品库存等也没有了，工厂因此更容易处于停工状态，可以察觉到以往不曾察觉的“瓶颈工序”。哪里存在问题变得“可视化”，生产制造现场的改善工作也会容易开展（图 3-4）。

办公室也是同样道理。如果不需要的东西过多，就无法快速找到需要的东西，也就容易发生忘记应处理的文件的事情。不必要的东西占据着空间，职场空间就变得狭小。可以说，不必要的办公文具是占用了资金。如果能够进行彻底整顿，就能在资金优化的同时，使职场空间变得更加明快，办事效率获得大幅提升。

整理的效果

将需要的东西和不需要的东西分开，处理掉不需要的东西。
→只保留对目前主营业务、生产所必需的物资

- 资金优化
  不需要的物资→资金的占用
- 排除失误
  生产和主营业务所不需要的零部件、文件等是导致失误的原因
- 创造新的空间
  排除通行障碍物、缩短移动距离
- 使问题可视化
  库存使问题被忽视→“瓶颈工序”也变得难以察觉

图 3-4 整理的效果

通过只保留必要的物资，不仅能使资金方面得以改善，还有在施工作业方面防止失误并使问题可视化等效果。

也就是说，整理的意义不仅是通过资产压缩创造资金，还有着使工厂问题可视化等利润和生产率方面的巨大的经营效果。

▼ 整顿——立即就能取出

整顿，是指能将必要的东西在必要的时候快速拿取出来使用的状态。这是实现健全的资产管理的基础。

整顿以“定位”“定品”“定量”三定原则和通过表示、标识实现的“可视化”为基础。即决定好“目标”“场所”“数量”，并通过表示、标识使之一目了然。工厂拥有的所有资产原本都必须由这三定原则和表示、标识进行一目了然地管理。所谓 B/S 的健全资产管理，就是“仅保留真正必要的资产，并保

持将之进行过整顿的状态”。如果能对目前拥有的资产一目了然，时刻保持健全的管理，那么盘货作业也会变得更加容易和方便。

另外，因为所有“物资”的固定位置均已确定，所以可以按照预定动作进行作业，从而形成标准作业的基础。基于此，确定标准时间，并建立能改善和稳固产品品质的现场生产的基础。能够快速找出必要的物资，就能防止作业失误。

还有一点，就是能够迅速发现缺少了哪些本该有的“物资”。特别是在国外，盗窃事件时有发生，通过整顿能让资产“可视化”，对于防盗也有一定的效果（图 3-5）。

整顿的效果

能将必要的东西在必要的时候快速拿取出来使用的状态。
→定位、定品、定量+表示、标识

- 管理水平的提高
  资产一目了然——资产的健全管理
  文件和数据一目了然——消除未处理文件、防止遗忘/遗漏
- 作业效率・业务处理效率的提高
  无需寻找、可快速拿出必要物品、作业速度提高
- 排除失误
  必要物资一目了然——减少失误
- 问题的可视化
  更容易把握库存的有无等问题

图 3-5　整顿的效果

资产的管理水平提升，作业效率也得以提高。

也就是说，整顿不仅能实现对资产的健全管理，还能建立标准作业的基础等，是成本管理、品质管理、制定生产计划等经营管理的基础。

▼ 清扫——立即察觉出异常

实现无垃圾、无污垢状态的清扫活动，可以说在提高从业人员的意识上有极好的效果。从健全的资产管理的视点来看，其与整顿的重要性并驾齐驱。

清扫的范围有从“捡拾”垃圾的程度，到用扫帚“打扫”的程度，再到用抹布“擦拭”的程度，共三个梯度。

直到擦拭这一程度的清扫工作都已彻底进行了，对异常情况的察觉和发现就会发生改变。通过擦拭消除灰尘和污垢，能使资产保持在良好状态。另外，还能够对模具进行管理，使其没有锈迹。这样，在制造现场就能更容易发现零部件和产品的细小划痕及污渍，并可望提高产品品质。同时，通过察觉仪表状态异常、渗油、线路遮盖的瑕疵等细微之处，还可以对设备的保养和故障预防起到一定效果。

对外也有一定的效果。如果工厂内部没有任何污渍，就更容易从前来参观的客户那里获得信任，工厂的信誉会获得提高。

进一步来说，如果清扫活动进行得彻底，甚至能够消除垃圾的产生源。这些举动还会帮助改善消除不必要的包装等。

所谓清扫，不仅是实现资产健全管理的基础，还有提高从业人员的察觉意识、预防、保养设备等附加效果，是十分有效的生产管理措施。

3-4　5S 活动的推进方法

本节将具体阐述 5S 活动的推进方法。

首先要做的，就是事先向该活动的推进负责人以上级别的团队成员阐明 5S 的经营意义，让他们对这一活动有深刻的认识。否则，不管经营管理层的意愿多高，都容易导致生产现场的人员产生“事到如今才要整理整顿?”“每天已经很忙了，哪有时间做这个啊?”的不满情绪。如果是曾推行过这一活动的工厂，很多则会首先产生“就算搞了这样的活动，过不了多久就会故态复萌的”等消极的态度。

因此，至少要让推进活动的团队成员理解 5S 的真正意义和其在经营方面的重要性。

必须要让推进成员意识到有库存了事态就是严重的，因为工厂筹措的宝贵资金被占用了；看到闲置设备就会意识到投资的资金浪费了。也就是认识到资金在使用上的浪费是决不允许发生的事情，深刻理解除了真正必要的资产外，其余的应全部处理掉，这才是真正的整理，这样才能推进工厂的良好经营。

说起来，没有整顿就没有健全的资产管理。只要现场理解了 5S 在经营方面的意义，就不会轻易使 5S 活动有始无终。

5S 在日常生活中的应用

但这并不是说推进负责人只要理解 5S 活动在经营上的意义就够了。能否顺利开展整理、整顿、清扫等活动，关键在于现场的全体员工是否能理解这一观念。因此，活动的推进应首先从让现场人员理解活动的意义开始着手。

笔者为简单易懂地阐述这一点，经常以“人们在日常生活中都在实践 5S 法，我们只不过是将之运用在生产制造中而已”来说明。比如早上刷牙，每天早上都要找自己的牙刷在哪儿的人好像没几个吧？因为牙刷大多都会被放在一个固定的位置。也就是说，生活中很多物品都处在确定了的固定位置上，是在必要的时候就能立即拿来使用的状态。也就是说处在一种被整顿好的状态。在工厂，所有零部件、工具也必须和牙刷一样，确定好固定位置。

再比如做饭。制作菜肴的时候，我们肯定只会把需要的食材摆放在厨房台面上。没有人会在要炖鱼时，却把圆白菜和肉放在厨房台面上。这就是只保留目前生产所必要的东西，即整顿的状态（图 3-6）。

我们来回顾一下每天早晨起床后的日常活动

- 早晨起床后，洗脸
  ——放毛巾的位置是固定的（整顿→固定位置）
- 刷牙
  ——牙刷的放置位置是固定的（整顿→固定位置）
- 做饭
  ——只把做饭必需的食材放在厨房台面上（整理）
- 钱包和交通卡的放置位置是固定的（整顿→固定位置）
- 鞋的放置位置是固定的（整顿→固定位置）

图 3-6　日常生活中的整理、整顿

我们一直在生活的琐事中实践着整理、整顿。

然而，如果换到我们的工厂和办公室，却会发现有很多与目前生产、工作无关的零部件、工具、文件等被熟视无睹地堆积在各处。

我们再举一个身边的例子。吃早饭的时候，没有人会把午餐和晚餐也一起吃了吧。但很多生产制造现场却会特意放置一整天份额的原材料。这就与在吃早饭时连晚饭都一并吃完如出一辙。

如果意识不到生产现场堆放如此多的原材料库存是有问题的，就无法实施现金流经营。

笔者在前往生产现场考察时，经常会询问现场人员“这是早饭还是午饭？”并对对方说：“没人会在吃早饭时把午饭也一起吃了吧？”

在进行整顿活动时，如果在施工作业困难的场所看到原材料和工具随意摆放，笔者也会以“在吃饭时，我们会把餐具摆放得更易于进食，对吧。动筷频率最高的主食一定会放在最容易拿取的位置，对吧。”这样的例子来进行说明。

综上所述，人们在日常生活中都进行着整理、整顿活动，所以也可以将同样的事情运用到职场工作中。关键是将平时在家里做的事情，运用到工作中。举这种浅显易懂的例子，现场的员工们会更容易理解，可以说，这个方法是推进 5S 活动的要点之一。

事先准备好红标签

在实践 5S 法之前，笔者想围绕应事先准备好的东西进行阐述和说明。

在整理时，事先应像如图 3-7 所示的那样准备好红标签。将这个红色标签贴在不要的东西上，这样应从现场撤掉的东西就一目了然了。

红色标签最好做成能够记录品名、数量、金额、处置等信息的样式。在准备红色标签的同时，还应事先确认并准备好撤去贴上红色标签的物品后的存放区域（红标签物品存放区），这是为了能够迅速将不要的物资撤除，并且要准备好搬运红标签物品的平板车等。为防止作业时受伤，还必须事先准备好手套等。

<table>
<tr><th colspan="5">RED CARD</th></tr>
<tr><td>区　分</td><td colspan="2">1.原材料
2.在制品
3.半成品
4.成品</td><td colspan="2">5.器械设备
6.模具、夹具
7.工具、设备
8.其他</td></tr>
<tr><td>品　名</td><td colspan="4"></td></tr>
<tr><td>品　号</td><td colspan="4"></td></tr>
<tr><td>数　量</td><td>个</td><td>金　额</td><td colspan="2">日元</td></tr>
<tr><td>理　由</td><td colspan="2">1.不用
2.不良
3.不急</td><td colspan="2">4.边角料
5.不明
6.其他</td></tr>
<tr><td>处理部门</td><td colspan="2">G</td><td colspan="2">T</td></tr>
<tr><td>处　理</td><td colspan="3">1.丢弃
2.退货
3.转移到红标签放置地点
4.另行保管</td><td>完成</td></tr>
<tr><td>年 月 日</td><td colspan="2">受理</td><td colspan="2">处理</td></tr>
<tr><td>整理号</td><td colspan="4"></td></tr>
</table>

图 3–7　红色标签例

进行整理时，在目前生产不必要的物资上贴上这样的标签，然后从现场撤除，并讨论处理方法。

通过整理，撤去不需要的物品后，就进入了整顿的阶段。在整顿前，为了整备出放置“物品”的区域，要先准备好全套清扫工具。还有，因为届时会在现场贴胶带等，所以还必须事先准备好擦拭灰尘的抹布和擦机器用的棉纱等。

至于在实际的整顿工作中需要用到的准备物品，应准备好定位用的胶带和各种能够制作标志物的工具等。

胶带的颜色应做何种区分要事先商定好，定下规则。比如：不良品（次品）存放区用红色，危险地点用黑黄相间的警示胶带，加工前的原材料放置区用明亮的绿色，加工后的存放区用蓝色，灭火器/消火栓和配电器前用黄色，其余的设备和平板车、夹具、工具的存放区用白色等，这样加以区分（如图3-8）。

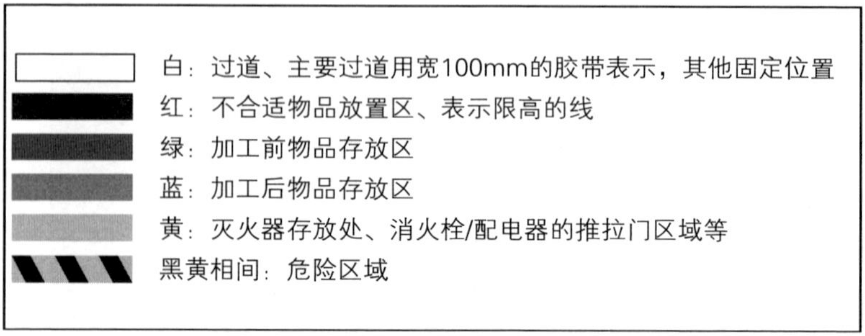

图 3-8　胶带的颜色区分示例

根据存放区和存放对象的不同，使用不同颜色的胶带进行区分。这样能避免现场工作发生错误。

如果灭火器和消火栓等的存放区及紧急出口等的表示、标记不恰当，也要事先做好。让这些标志物更清晰可见是工作的重点，因此，最好能够在考虑到标志的可见性的基础上做成如图 3-9 所示的三棱柱等的形式。

图 3-9　灭火器标识示例

在生产现场，把剪刀、万能笔、卷尺等必要物品与平板车、篮子等组合成全套工具，整套设备作为 5S 改善平板车准备好，能使改善活动更方便进行。

以下内容将针对整理、整顿、清扫的实施方法进行详细解说。

3-4-1　整理的实践——会对生产造成障碍吗

首先让我们从整理的实践方法开始说明。整理的原则是，只保留对目前主营业务、生产制造、工作必要的资产。也就是说，这是使 B/S 精简化的措施。如何才能本着这一宗旨彻底实施整理活动是问题的关键。

笔者经常看到不少生产现场照猫画虎地进行整顿工作，却还留着不必要的东西，这样即便给这些无用的东西规定并标记了存放位置，也没有任何意义。最重要的是，首先进行彻底的整理工作，而整顿是在真正的整理完成之后才能开始进行的。

整理的对象包括工厂厂房、仓库、办公室里所有的物品。如果是生产现场，则包括原材料、零部件、在制品、半成品、成品、附属材料、设备、搬运机器、工具、货架、工具箱、桌椅、抽屉、工作台、平板车、检测机、计测器、各类账簿、标准类文件、布告、布告板、扫除用具、扫除用具置放箱等。

具体来说，在不需要的物品上贴上红色标签，从现场撤除。如果是生产现场，则在对目前的生产无用的东西上贴上红标签，撤出现场。那么，该如何判断物品是否有用呢？没有的话生产制造就会停顿的就是有用的，反之就可以判断为不需要的。

笔者在现场询问“这件东西有用吗”的时候，大多时候都会得到“有用”的回答。但其实很多时候将这件东西拿走也不会造成生产制造停滞。回答有用这一答复的背后，其实是以“偶尔会用”这一事实为依据的，但这种情况只需要改变一下方案，使这件物品能够在必要时拿出来就可以了。目前不使用的东西就不必留在现场。这与做饭时，不把不需要的食材和料理工具拿出来是一个道理。可以将目前不用的东西集中放置在别的地点进行统一管理。

至于仓库的整理，只需要定下标准，按标准贴上红标签即可。比如：滞留两个月以上的库存、超出一个月使用量的库存都贴红标签等。

将已经贴上红标签的库存快速从仓库中清理掉非常重要。在明确把握了原有库存量是多少后，要想制定方案使库存不再继续增加，首先必须明确适当的库存量是多少。

不制定存放区域

工具箱、抽屉、书库、货架中的东西应先全部拿出来，然后留下真正必要的东西。这样做之后，很多时候你会发现，像开了家工具店一样，突然冒出好多工具。笔者在曾造访过的工厂中，看到有家工厂竟能找出大量的钻机齿轮。

工具箱和抽屉等是隐藏资产的工具，拥有这种工具本身就存在问题。因此，应彻底将工具箱、抽屉、货架、书库清除（图 3-10）。

特别是货架，这个工具除了让资金被占用就没有别的作用。即便是为了不再增加多余的资产，也应该减少货架数量，创造出物品不能再被放置起来的状态。这才是压缩资产的正确途径（参见图 3-11、3-12）。

图 3-10　整理现场后找出来的工具箱

同样的工具明显有很多。

图 3-11　货架是占用资金的工具

只要有货架在，就容易在上面放置很多无用的资产。

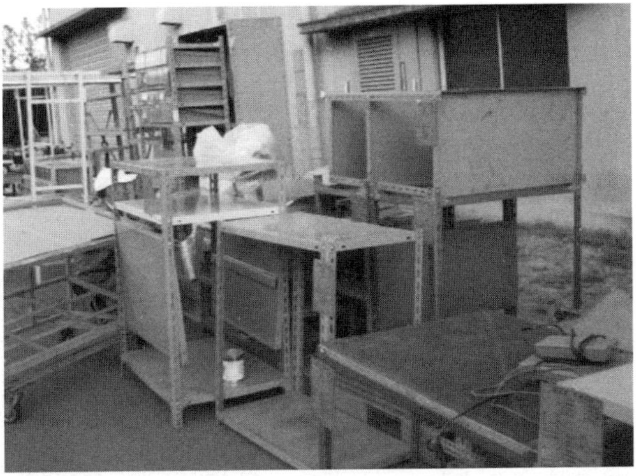

图 3-12　清空后的货架

被贴上红标签后从工作现场撤除的货架。

这种整理的重点在于，否定目前的现状、推进整理工作。比如：扫除用具放置箱会在拿取和放回扫除用具时发生开关箱门的多余动作。因为箱体内部容易变脏，所以扫除用具即使变脏了也难以被察觉。必要的扫除用具是否放入箱内也无法立即得知。像这样，即使对理所当然应该存在的东西也持否定的态度和眼光去看待，这点很重要。扫除用具虽然是必要的，但不代表扫除用具放置箱也是必要的（图 3-13）。

另外，隔板也会导致难以观察现场的情况，很多时候除了占地方没有任何用处。不能因为从以前就一直放在那里而肯定和默许其存在的合理性，而应再次确认、判断其对目前的生产和工作是否有必要，这一点很重要。

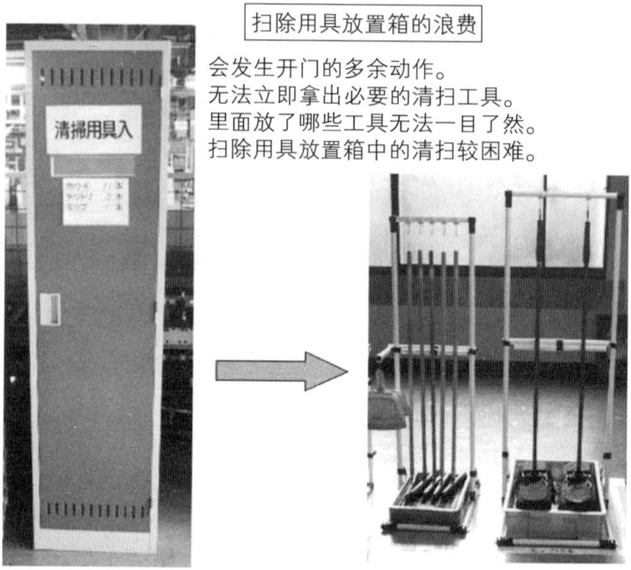

图 3-13　扫除用具放置箱是否必要？

扫除用具放置箱会发生开门的动作，而且难以看到里面有哪些工具。只需定好放置区域并用挂架即可解决这些问题。

关于办公室，不仅是桌椅、抽屉的里面，各种文件、电脑、服务器中保存的电子数据也是整理的对象。以 ISO 格式保存的、有一定保存期限的文件和数据很多，将其他不是该格式的文件和数据也全部设置好保存期限也很重要。大体上，未编辑、更新超过一年以上的文件和数据基本上都不能再使用了。

还应该废除办公用品由员工自带的制度。比如可以由工厂分给每人一盒订书钉、一盒签字笔笔芯等。将办公用品全部集中到一个地点，就可以像文具商店一样将所有办公用品统一放置。关于书架，除了收纳机密文件的书架外，其他书架的门全部打开，因为开门的动作是多余的（图 3-14）。

图 3-14　整理办公室后发现的不必要的办公用品

同类物品和个人自带的办公用品也要整理。

确定货架和平板车的数量的指标

即使向制造现场的施工作业者们讲述现金流经营的话题，也难以让所有人都理解。如何用简单易懂的指标来进行指示，就靠经营者和其部门负责人的能力了。

比如：在生产现场，做出减少货架数量、平板车数量的指示也是一个办法。只需要制定出一个货架和平板车的数量指标。

正如在3-4小节中提到的，货架就是一个使资金被占用的工具。存在货架和平板车，就意味着会产生将物品放置到货架或搬运上平板车时花费的搬上、搬下的作业时间。从现金流经营的视角出发来看，这没有任何好处。向现场工作人员发出减少货架数量的指示，就能够减少库存，相应地增加现金，同时腾出空余空间、减少材料管理的作业时间及多余的管理费用。

像这样，通过彻底地否定现状、进行整理，就能够腾出大面积的空余空间。这样一来职场环境和视野会变得更开阔，全体员工也会感叹办公环境竟然如此宽敞。既然腾出了这么大的空间，那么改变摆设和布置就会更容易，还能省去许多多余的移动和不必要的搬运。

3-4-2 整顿的实践——规定位置上只放置规定数量的物品

整理结束后，就进入了整顿阶段。如上所述，整顿的基本内容就是确定某种物品在何处放置多少并将之一目了然地表示出来，即用三定原则（定位、定品、定量）表示、标记出来。

确定放置场所的重点是考虑取用的便利性。至少应该避免肩膀以上的较高位置和膝盖以下的较低位置。特别是较高位置，不仅会增加作业难度和危险性，还会阻碍视线，导致看不清现场情况、难以察觉到问题的发生，因此，一定要规定限高（图

3-15）。笔者建议限高在 1.3 米最为理想，因为再高的话，现场视野就不通透了。

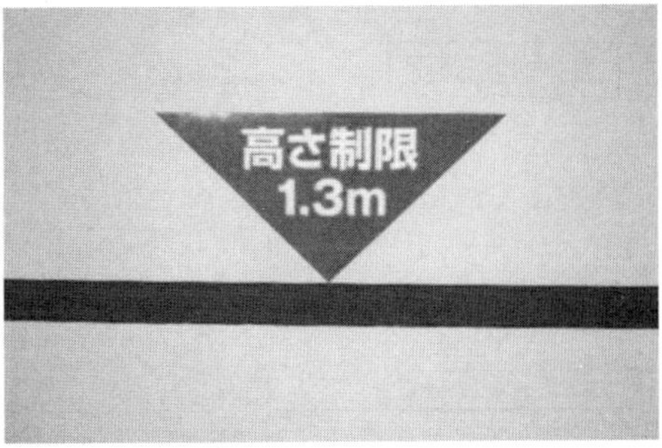

图 3-15　限高的标识

在较高位置放置物品会增加作业负担，还会遮挡视线。用类似图中照片的限高标识来表示一定的高度以上不能放置物品。

另外，要想减少生产制造现场的疲劳作业、提高作业效率，就要在“动作经济与效率原则”的基础上探讨和决定物品的配置。比如：在装配现场，为保证作业者在双手作业时容易操作，要设置最适作业范围；为了保证经常使用的零部件和工具都在触手可及的位置，还要设置正常作业范围；将其他工具和零部件设置在伸手即可拿到的位置（最大作业范围），像这样，在考虑各种用具的使用频率的基础上确定放置位置（图 3-16）。

确定了物品摆放位置后贴上胶带，放在哪个位置就能一目了然。至于胶带的宽度，笔者建议主要通道用 100 毫米宽的，除此之外的用 50 毫米宽的。

在工具、计测器等的放置地点，可通过标记外径形状来确认其放置位置，或者对其进行形状抠模的方法也很有效。这些方法称为形状定位（图 3-17）。

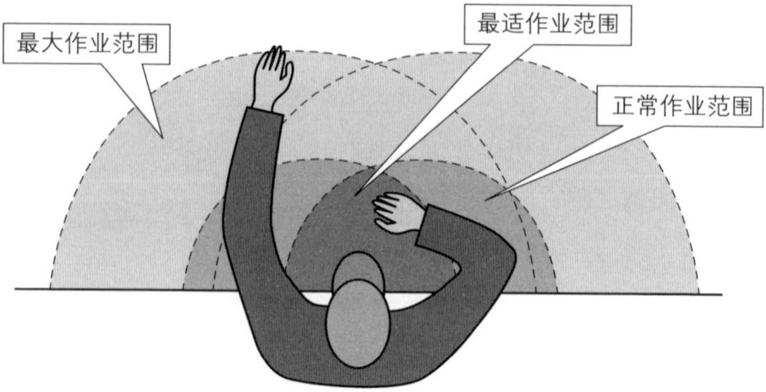

图 3–16　动作经济与效率原则

在考虑不必伸手就能够作业的正面最适作业范围、两侧的正常作业范围、伸手可及的最大作业范围的基础上进行物品的配置。

图 3–17　形状定位示例

为防止弄错放置位置，对工具和夹具的形状进行抠模。

所有物品的摆放位置都确定后，别忘记还要确定需要摆放几个，即确定定量值。此时需要弄清楚最少量和最大量。明确达到最少量时需要补充多少，就能防止库存过多或缺货。为此，在达到最少量的物品放置上添加补充卡等也是一个办法（图 3-18）。

图 3-18　补充卡示例

将补充卡放在能看到的地方，就能在库存减少时追加补充。

先放进去的先拿出

物品放置的方法也需要考虑。原则是要考虑能够先入先出的配置方法。这一原则在保持库存的新鲜度方面也很重要（图 3-19）。其要点是，将入口和出口分开设置。也就是说，要保证从上面放入的要从下面拿出，从后面放进去的要从前面拿出来（图 3-20）。如果是大件物品，而且难以移动，就要确定好放置地点，然后标上号码让别人知道应从哪里取出。如果是仓库等地点，只要确定好从哪侧放入货架、从哪侧取出，就能够避免入库和出库作业相互冲突。分拣作业也是如此，最重要的是考虑如何配置才能够一气呵成。

像这样确定好三定原则，标记好物品的标识、放置场所，使什么物品摆放在什么位置一目了然。在此可以灵活地运用颜色。贴有标识的物品只要放回到贴有与其同样颜色标识的放置地点即可。在分拣作业中，只要从相同颜色的地点分拣，该制品所需的物件即可全部配齐。利用照片也是一个有效的方法。

特别是在作业人员更替频繁的海外生产制造现场，这种无论是谁都能一看便知的表示、标识十分有效。希望大家能够在整顿时活用颜色和照片。

● "IN"　"OUT" = 确定。
——IN 和 OUT在同一地点的话，无法实现先入先出

◆确定放入的地点、放入的方向、放入的顺序
◆确定取出的地点、取出的方向、取出的顺序

<例>

- 从上面放，从下面取。
- 从后面放，从前面取。
- 从左面放，从右面取。
- 按照序号放入，按照序号取出。
- 确定放入BOX、确定取出BOX。

根据物品的大小，改变方式。

<例>

小物件按照使用习惯放置
大物件按照序号使之可视化

图 3-19　先入先出的基本规则

确定放入、取出地点、方向、顺序。

图 3-20　从后面放入从前面取出的例子

取物的一侧设置成易于取出的阶梯状。

3-4-3　清扫的实践——制定规则

如上所述，清扫是有层次之分的，捡拾垃圾的程度、用扫帚等打扫的程度，以及用抹布擦拭的程度。只要实施了 5S，就应该做到用抹布擦拭这种程度的彻底清扫。如此一来，不仅制品上的瑕疵等更容易被发现，还能发现线路被遮盖部的破损和漏油等问题。

在进行清扫工作时最重要的一点就是，制定规则。如果不确定好由谁在何时、何地进行清扫工作的话，就会有很多地方无人清扫、无人问津。每天早上都要在开工检查的同时确定清扫地点、注意事项、负责人，在收工时也要确定清扫地点及其负责人。制定出清扫的频率是每周一次还是每月一次等，这一点也很重要。特别是一些公共地点，如果不就清扫负责人和清扫频率制定规则的话，就会被放任不管。制定好规则、准备好检查表，就不会止步于捡拾垃圾的程度，而是能够提高到更高水平的清扫、检查的水平。

进一步进行清扫工作的话，就会开始在现场追究为什么会产生垃圾、为什么灰尘会被带进工厂车间等一系列问题。这样一来，就能够在工厂创造出无垃圾、无灰尘（不再需要清扫）的环境（图 3-21）。

产生垃圾的最大原因就是零部件的外包装。外包装之所以成为垃圾是因为在现场发生了无法创造附加价值的拆包装作业。

如果使用搬运箱将零部件在没有外包装的状态下提供给工厂车间，就能避免多余的拆包装作业和垃圾。这样的方式在节省成本方面也很有效。外包装不仅花费成本，包装作业的成本也会被包含在零部件价格中。去除这些多余作业，还能够直接影响到采购价格的成本削减。

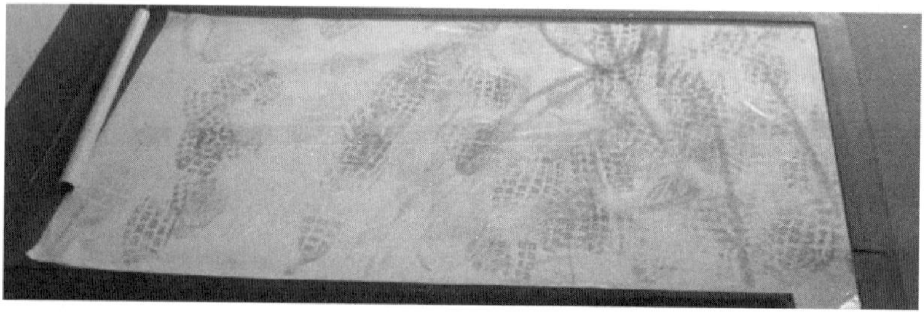

图 3-21　作业现场入口附近放置的粘着垫

防止鞋子上的脏污被带进作业现场。

实际上，ASEAN 地区（东南亚国家联盟）的某音响生产工厂就以打造无垃圾箱工厂为目标，彻底进行了清扫工作，除了用于丢弃标识的防粘纸的垃圾箱之外，清除了所有垃圾桶。借此，不仅提高了产品品质，还极大程度地增加了利润。

清扫工作中最重要的是创造便于清扫的环境。比如：现场地板上如果满是电线圈，不拾起线圈就无法进行清扫。如果踩到电线或者被电线绊到，还会引发安全问题。因此，保持地板上没有电线是基本原则。为保持职场清洁，最重要的是创造一个便于清扫的职场环境。意识到这一点后再实施改善措施十分重要。

笔者曾经拜访过某电机零部件生产商的工厂车间，带领我参观的车间主管竟然躺在作业现场的地上对我说“你看，连白衬衫都不会被弄脏”，现身说法地向我展示现场的清洁程度。笔者虽访问过多家工厂车间，却是头一次碰到这样说明问题的方式，因此感到很吃惊。那位车间主管说“这就是我们制造产品的理念”。仅凭这一点，也会使这家工厂的产品品质广为流传。

或许大家会认为，就是打扫而已嘛，没什么大不了的。但彻底的打扫不仅能够实现资产的健全管理，还有望提高设备保管的水平。甚至在提高品质、安全性、降低成本方面也有很大作用。

3-4-4　5S 的保持、管理

以上，从资产压缩和健全的资产管理的角度向大家阐述了在 5S 管理法中极为重要的整理、整顿、清扫这 3S 的推进方法。

如何保持和管理这几点，非常重要。无论是哪家工厂，肯定都曾实施过至少一次 5S 管理活动，但之后这项活动停滞、缩小的情况特别多。所以，如何将这项活动保持住并持续进化，就显得极为重要。

为此，必不可少的就是：本节开头曾提到的、职场活动推进负责人必须深刻理解5S的经营意义。某工厂曾将现场的所有资产全部换算成“可视化”金额，并一直采取措施尽可能地让该金额减少。这正是该工厂负责人理解了资金的重要性，尽可能让资金不被闲置的意识的体现。

在清扫这项工作中，遵守规定非常重要。即便大家都实施了整理、整顿，但只要有一个人没有将零部件放在规定的位置上，随意地拿取，5S活动就会遭到破坏。如果不能遵守共同确定的作业顺序和规则，就如同无法保证产品的质量。

如果物品被摆放在规定地点外，就要询问摆放该物品的人，为什么要放在那里，如果规定的摆放地点有问题，就需要变更地点。像这样，每天反复进行改善工作非常重要。

如果有新员工入职，刚开始一定要召开5S学习会，并说明5S的规则，而且决不能忘记彻底地实施这项活动。

为使该项活动落实并固定化，有效的方式是确定“5S活动推进委员会”的职责，定期巡回检查。给各职场的5S活动的执行情况进行打分，或者使用公布必须改善的方面、改善结果的公告板进行定量评估，这样来创造全体员工始终关注5S活动的职场环境。

通过反复进行以上措施，就能养成遵守规则的习惯，打造出5S经营的工厂文化。这样一来，就会使B/S表保持健全状态，并实现资金和利润的共同增长。

3-5　不需要的物品如何处理

前面介绍整理时，曾讲到在不需要的物品上贴上红色标签，并转移至红标签物品存放区。依笔者的经验，有的工厂车间，仅在一个据点就堆放了价值数亿日元的不需要物品。那么，对于移动至红标签物品存放区的不需要物品，应如何处理和对待呢？

虽说是不需要的物品，但也都是用钱买来的工厂资产。重要的是尽可能地将这些资产利用起来，换成资金。

红标签主要分三类。第一类是目前生产不需要的、但其他生产所需的物品。为了将这类物品能够在必要的时候提供给生产现场，有必要规划出一个放置场所。如图3-22中的例子，根据制造的产品的不同，将每种产品必需的夹具和工具按照各个工程进行颜色区分并整理。形成在切换生产时按照各个工程所需拿取物品的形式即可。

第二类是现在使用的物品库存过剩。第三类是不再使用的（非现在使用）的部件、产品、设备、模具、夹具、工具、搬运用具等物品。问题就出现在这两类过剩库存物品和非使用的不需要物品上。这些物品，基本上可以按照以下（1）～（5）的说明进行处理。

图 3-22

根据制造的产品的不同，将每种产品必需的夹具和工具按照各个工程进行颜色区分并整理的例子。

（1）现用品的部件和在制品库存

①从使用量和库存量来计算，何时库存能消化掉。

②将消化期超过一定期限（比如半年）的物品作为应尽早现金化的物品进行登记，探讨是否将其转为他用或退货给供货商。

③库存过多的物品应放置在一般保管区以外的过剩品放置区。一般保管区内的库存如果到了需要补充的时候，就从过剩品放置区调取物品进行补充。此时，为了防止错误地重新订货，

要改变补充卡的颜色，以表示应从何处进行补货。

另外，过剩品放置区虽然是库存正常化之前（最多半年以内）的临时放置场所，但为了防止找不到所需物品的情况，仍需从恰当的资产管理的角度出发，确定过剩品的固定存放位置，用表示、标识使其“可视化”。

（2）非现用部件

①商讨是否可以调用、转卖、退货给供货商。

②对于金额较高的部件，应探讨能否将其运用到现行产品的设计变化中。

非现用的部件大多数情况下，都会作为备件被保管起来。从备件的出货情况判断、讨论是否能将过多的库存调用或转卖。如果难以转换成现金，就必须进行废弃处理。

人们往往认为非现用物品今后总有一天会出货，所以多数情况下会将之作为备件放置在仓库中。但是，不应对这类过剩的库存置之不理，而应将其尽早处理、对其采取措施，这一点十分重要。

（3）非现用模具、夹具、工具

首先应考虑是否能将它们运用到其他产品的生产上。如果难以实现，那么就讨论是否该将它们作为废料处理掉（作为有价物品卖掉）。

（4）闲置设备

探讨是否可以转卖他人或在工厂内部将闲置设备利用起来进行自主生产。如果难以再利用且设备老旧，就应作为废品处理掉。

（5）办公用品、附属材料

把全公司的这些物品都集中在一处，各部门轮流使用。

3-6 现金化项目的推进

上一节中，我们列举具体示例，说明了如何对过剩库存和非现用物品等不需要的物品进行处理。其中最重要的一点是如何尽早将这些物品现金化。为此，最有效的方法就是制定推进体制，以实现现金化。

要想推进现金化，首先应制作出不需要物品的资产列表，按照金额由大到小的顺序讨论实现现金化的途径（表 3-1）。在讨论时，聚集所有相关部门，群策群力的效果更好。

比如：如果将旧商品的非现用部件的现金化交由采购部门讨论，则只能得到能否退货给部件生产厂商或者转卖他人的方案。但是，如果讨论小组中加入了销售部门和设计部门，就能得到旧商品的再生产及销售的可能性，改变设计方案以将这些部件作为现行用品使用等方案。特别是对于金额较高的物品，在现金化项目中一定要充分调动各方意见进行讨论，制定好方针之后还要确定负责人和完成期限。

表 3-1　现金化项目推进管理表示例

现金化项目推进管理表													
资产编号	资产品名	滞留时间	最后使用	管理区分	库存数量	库存金额	现金化部门	负责人姓名	日期	推进方案	现金化金额	实施日期	总结

3-7　避免产生不需要的物品

不产生不需要的物品是最理想的。因此，在处理不需要物品的同时，不要忘记采取防止不需要物品产生的对策。要想推进真正的现金流经营，这一改善对策是最重要的。请大家一定要采取措施进行改善，尽量避免不需要物品的产生。

为什么会产生滞留库存

滞留库存是每天都应该管理的事项。滞留库存不仅是造成资金闲置、浪费的原因，不良库存最终还有可能被废弃，所以采取措施防止滞留库存的产生显得极为重要。

滞留库存产生的原因主要是以下的（1）~（3）点。

（1）停售管理差

在切换为新产品的生产时，旧商品与旧商品部件一并成为滞留库存的例子有很多。出现这种情况的原因是旧商品的停售管理做得不好。这既是造成滞留库存的最大原因，导致工厂资产成为不良库存并最终被废弃的可能性也最大。

对策：在新产品的开发、导入计划表管理中，明确标注旧商品的最终生产、部件订货确认的阶段。在该阶段要协商旧商品的最终生产数量和部件的最终订货量，并取得各部门负责人的确认和同意。

（2）订货批量较大

单纯地追求大量订货带来的成本优势往往会导致库存滞留。

对策：通常，应以库存管理费用的角度，按照订货成本与订货费用的总和来明确经济订货批量（EOQ），确定订货批量的大小（图3-23）。另外，要想保持最小库存量，就必须每次只纳入必要的数量。不过，这样会导致含运输费用在内的订货费用增加，因此在削减这一费用的同时，还要考虑供应商的生产效率，有的工厂就采用部件库存交由供应商管理的 VMI（Vendor-Managed-inventor）合作策略。如果是标准件的话，通过 cock 方式（富山销售药品的方式：只在必要的时候采购必要数量的资材的采购方式）扩大采购也是有效的方法。无论如何，一定不要忘记与供应商一起仔细协商，探讨如何才能在保证必要的订货量的基础上尽可能地削减订货费用。

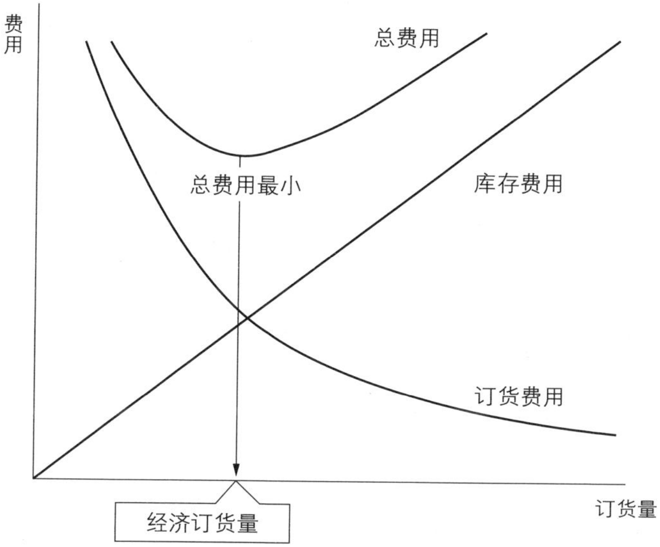

图 3-23　经济订货量的思考方法

订货费用中要加上库存费用，要思考如何使费用最少。

（3）接受订货信息和销售预测的准确性差

造成这一点的原因是包括采购期在内的生产周期过长，或生产计划和部件筹备的循环期过长、销售的商谈水平较低等各种各样的问题。归根结底，如何基于准确的信息进行生产、筹备才是重点。这就要求我们在尽可能多地收集手头信息的同时，快速应市场情况采取措施努力缩短生产、筹备的时间和生产周期。

废弃应废弃的物品，使 B/S 健全化

很多时候，即便采取了措施使不需要的资产现金化，最终仍会剩余一些不得不废弃的资产。对这些必须废弃的资产，不能放任不管，必须进行适当的废弃处理。当然，如果能将它们作为有价物品进行出售的话，可以卖掉。虽然卖掉有账面价值的物品会使利润减少，但正如我们在开头讲到的那样，因为是已经购买进来的物品，所以即便废弃了也不会使工厂资金减少。如果工厂产生了利润，那么废弃会使利润相应减少，法人税也会减少，所以比起不废弃来说，废弃反而会增加工厂资金。

我曾多次重申，推进经营时应该注意要时刻保证 B/S 的健全性。为此，最重要的是始终保证工厂资产只保留正常业务推进所必需的项目，同时要迅速处理掉不良资产。如何有效地利用工厂资金？有无使用上的浪费？有无闲置的资金？按照以上这些视角来观察生产现场才是推进现金流经营的基本态度。

3-8　在现金流经营的基础上不断进化

在生产现场，大多时候都是为提高生产率和产品质量来实施改善措施的，但实际上，从现金流经营的角度出发，生产周期的缩短和库存的削减才能在创造资金这一点上发挥出巨大的效果。因此，一定要在工厂中推进这些举措。

我们已经说过，从现金流的角度来看，生产制造时应采取的态度是“购入部件后应马上加工成产品，然后尽早将之销售出去转换成现金”。

为保证这一资金循环，必须尽可能按照订单要求进行精密、认真的生产。具体来讲，其重点是如何才能在短时间内切换机种、转换工程。如果是组装作业，那么只要将下一个部件和工具事先预备好，就能够较容易地实现瞬间切换。但是，像模具等必需的设备加工零部件，如果不采取一定措施，做好部署、安排的话，就很难实现瞬间切换。

由于本书并不是讲解具体的制造技术革新的，因此详细的说明在此就省略了，不过实现设备切换、工程转换时间的最短化，对于现金流的改善是极为有效的措施之一，下面我们就针对这一点，对其实施方法进行解释说明。

实现工程转换作业时间最短化

从前一个加工工序结束、设备停止，到下一个新品开始加工之前的时间即为“转换时间”。如果这一时间较长，则设备的运转时间就会相应变短，生产率会大幅降低，从而导致工厂必须尽可能地进行批量生产。另一方面，所谓批量生产，就是把目前没有必要马上生产的产品数量也一起生产出来，这成为导致库存增加的原因。如上所述，如果以避免现金闲置的视角来看，应只生产目前必需的数量。

因此，如何才能在瞬间完成工程转换是最重要的。由于工程转换作业而导致的设备停止，其实就像是心脏停顿的状态。也就是说，如何缩短设备停止的这段时间（内部转换时间）是重点。

以缩短工程转换时间为目的的措施主要有以下几个要点。第一，仔细调查设备停止后的转换作业（线内换产作业）期间内，是否有在设备启动期间能够进行的作业（线外换产作业）。在设备停止前应尽可能多地进行准备工作。也就是说，要探讨能够将多少线内换产作业变为线外换产作业。

彻底地对作业时间进行分析后可以发现，有相当多的准备工作是可以作为线外换产作业来操作的。比如：设备停止后，再去取模具和工具，或者设备停止后再开始启动起重机等作业都可以变为线外换产作业。

第二个要点是进行过线外换产的梳理之后，对于剩下的线内换产时间，要通过对线内换产作业的改善来探讨如何将这一时间缩短。比如：在线内换产的时间中，有一部分时间要用来进行模具的位置调整。这一调整作业是换产时间增长的主要原因，因此应探讨取缔调整作业的方法（图 3-24、图 3-25），如设置能够一次定位的夹具以及调整位置的刻度等。

第三，探讨能否将单人作业变为多人作业（并行转换化），以达到缩短时间的目的。另外，最好多讨论一些设备改善等能实现作业时间缩短化的想法和点子。

图 3-24　起重机的一次定位示例

定位要确保起重机和支架的线保持一致。

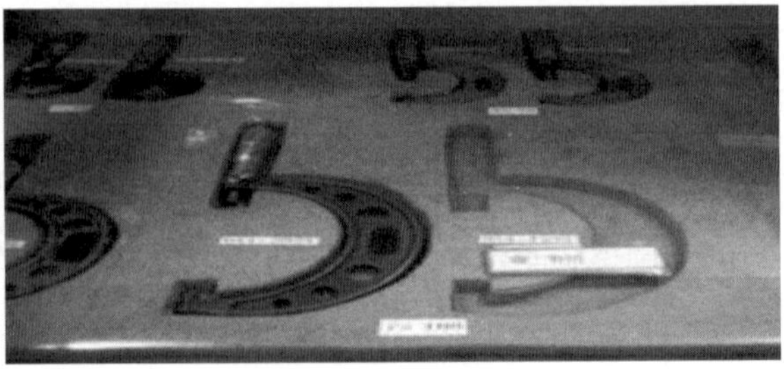

图 3-25　用量尺确定位置的例子

用量尺标明固定位置能够快速定位。

利用操作手册等将线外换产作业固定化

实际应用中，在制作换产作业的标准作业流程手册的同时，为防止线外转换发生遗漏，以下措施必不可少，即制作检查表；为实现换产作业实准化，将线外换产中需要的工具和模具的放置地点规定好固定位置等。还必须进行训练，以在标准时间内切实地完成换产作业。

在每天的生产工作中，最重要的是准备好记录设备编号、时间、人员分配等信息的换产作业预定表，整备好能够快速切换的运作体制。

事实上，这些举措中有很多都可以说是将 5S 的“整顿”进化了的措施。为便于现场工作人员理解，应一边举出一些发生在身边的事例，一边进行说明。实际上，在我们的日常生活中，也上演着如同 5S 法中的那种快速的机种切换的场景。

比如：电视剧中的手术场景和舞台剧中的换幕等就是如此。手术开始后，决不会出现医生去取手术刀等手术用具的场景，在戏剧中的场景也是瞬间就能够转换。以此为例，制造现场中也必须将必要的工具和模具在设备停止前准备好。

说点题外话，如果你在寿司店的吧台点了自己最爱吃的寿司，主厨能立即将之做好奉上。寿司店的线外换产居然如此快速。不仅是寿司店，大多数料理店都会把方方面面事先准备好，这样才能在客户点单后很快上菜。能将这种运用在每一天、运用在我们日常生活中的智慧，也带进生产制造现场很重要。

3-9　在海外据点发挥出 5S 的威力

以上讲述了以 5S 为中心的现金流经营在作业现场中的实践。在本章的最后，笔者浅谈一下海外据点的 5S 活动。

事实上，在海外据点，5S 活动格外有效，因为 5S 能在人员流动大的环境中保证产品品质的基础活动（图 3-26）。希望大家再一次认识到，没有实施 5S 活动的工厂，是无法谈经营的。

图 3-27 展示了在海外生产制造公司经常发生的问题体

系。由图可知，发生各种各样问题的根源在于没有贯彻 5S。如果没有实施 5S 活动，就会如图 3-26 所说的，即使被盗也不得而知。无法进行恰当的资产管理，在产生不良资产和滞留资产的同时，还会产生巨大的废弃损失。因为没有能够进行标准作业的环境，所以也无法确定标准时间，成本管理的基准也变得含糊不清。如果无法进行恰当的工时管理，就无法建立恰当的生产计划。产品质量问题多发，从生产率的角度来看，浪费和损失也十分巨大，为了掩饰和弥补这些漏洞，加班便会成为常态。

◆海外据点的防盗对策第一步即5S
・虽然国别不同情况也不同，但在海外的日本工厂大多都要面对盗窃问题。
・如果不明确整顿工作的基本内容“何处”“何物”“数量”［三定原则（定位、定品、定量）］，即使被盗了也不得而知。
・认真做好整顿工作，在有照片标识等的环境中，就基本不会有盗窃问题。
◆实施标准作业的前提是能在适合作业的环境中做好规定了的作业
・进行正确作业的前提是5S。如果没有确定三定原则，就无法确定应该如何作业。特别是在人员流动大的海外据点，如果没有确定这一基本内容，就无法实现标准作业，并成为产生次品和生产率下降的最大原因。
新员工培训中，对5S基本内容和5S规则的培训尤为必要。

图 3-26　在海外据点极为有效的 5S

在预防盗窃和作业标准化这两点上，5S 极为有效。

图 3-27 的问题体系仅仅是一个例子，笔者的目的是希望读者能够认识和理解 5S 是经营的基础，并积极地推进该活动。

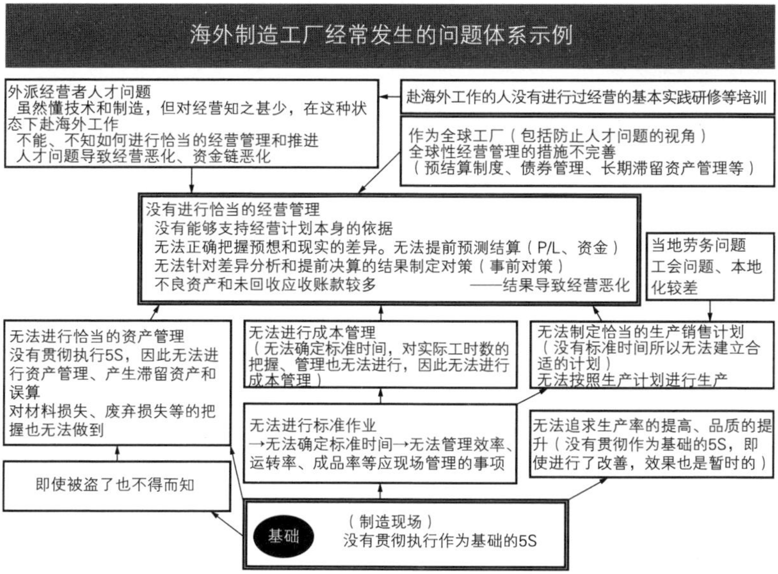

图 3-27　海外据点易发生的问题

大部分问题的起因都是因为作为经营基础的 5S 没有被贯彻执行。

第 4 章

库存是工作质量的晴雨表

工作质量的优劣体现在库存上。存货资产较少的工厂财务体制较好、利润较高。这是因为如果工作质量不高，就无法在库存较少的情况下稳定经营。削减库存是强化工厂财务体制的极为重要的手段。

本章中，将具体讲述为何工作质量的优劣会体现在库存上，为何削减库存的举措如此重要。

库存是资金转换成了“物品”的形式，所以弄清楚如何减少它，如何靠较少的库存维持工厂运营十分重要。有趣的是，工作质量的优劣也体现在库存上。库存较多的工厂工作质量较差，相反库存较少的工厂是工作质量极高的工厂。这从某种意义上来讲是理所当然的，因为工作质量不高，就无法降低库存。

图 4-1 表示的是制药行业 A～I 公司某年的存货资产周转期和营业利润率。看图可知，存货资产较少的工厂从总体来看营业利润较高。存货资产的多少直接关系到工厂现金的增减。库存较少的工厂在各方面的工作质量都较高，从而实现了高利润。

4-1　销售预测的精确度与库存量成反比

库存增长的原因到底是什么呢？直截了当地说，其理由就在于销售预测的精确度低。除了接到订单后生产型的工厂，通常情况下工厂都是根据销售预测来安排生产的。如果实际销售

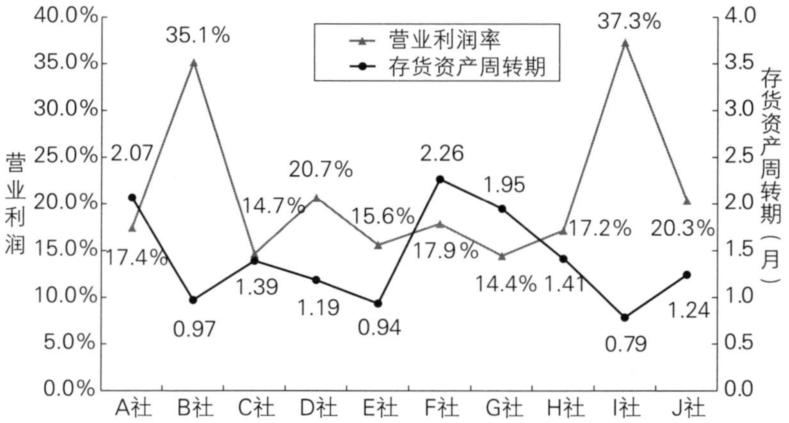

图 4-1　存货资产周转情况和经营利润率的对比示例

某年份医药行业 A~I 的 9 家公司相关数据的比较结果。

量比预测的少，库存就会增加，相反销售量比预测的多，就会缺货。无论哪种情况都会导致工厂遭受损失，所以，只对销售进行大致预测的精确度较低的工厂，为避免缺货就会持有较多库存，以便随时应对突发情况。因为如果出现缺货断货，会给客户造成麻烦，失去信用。这就是销售预测精确度低招致库存过多的原因。

那么，销售预测精确度低的原因又在哪里呢？

4-1-1　较长的生产周期导致精确度较低

其理由之一，在于做出销售预测的时机。提前数月针对不同产品编号进行销售预测，并且要求销售结果正如预测的一样，这简直难如登天。在视察制造现场时需要检查的“信息流通”和“物品流通”这两项内容，是检验工厂是否能够基于准确的信息进行生产的重要指标。如果是数月前的信息，那么可以说其精确度较低是必然的。相反，越是尽可能多地收集手头的信息，越能够基于最新的信息进行预测，其精确度也会提高。

为了基于最新信息做出销售预测，必须缩短生产周期。如果生产周期短，就能够基于目前的必要信息作出精确度较高的预测，也就没有必要持有多余库存了。

生产周期的长短可以说体现了包括采购在内的生产工作的水平。生产周期较长的话，即从采购部件到制造出成品出货的时间较长，这不仅说明供应商的生产周期较长，还说明安排订货和接受订单等的工作质量以及对自家工厂的部件库存等的管理情况较差，生产计划制定方面的不足，在制品和滞留较多等一系列问题。也就是说，工作质量的好坏以库存这种表面化（可视化）的形式体现了出来。

反过来说，生产周期较短的工厂，其对市场有着较高的应变能力，所以很少会错失销售的机会。因为这类工厂只采购必要的部件，所以也就不需要管理部件库存的成本，这样一来就不会使制造现场因为在制品库存而导致生产停滞，材料搬运的损失也较少。

4-1-2　对销售工作的质量也有影响

销售预测精确度低的另一个原因是，销售工作质量差。也就是说，没有准确地把握好客户的需求动向和库存情况。这说明无法进行优质的商业会谈、销售活动质量低下（图 4-2）。如果不能把握客户的情况，就无法进行有效的商业会谈，在持有较多库存的情况下，即使强行推销也无法谈妥。

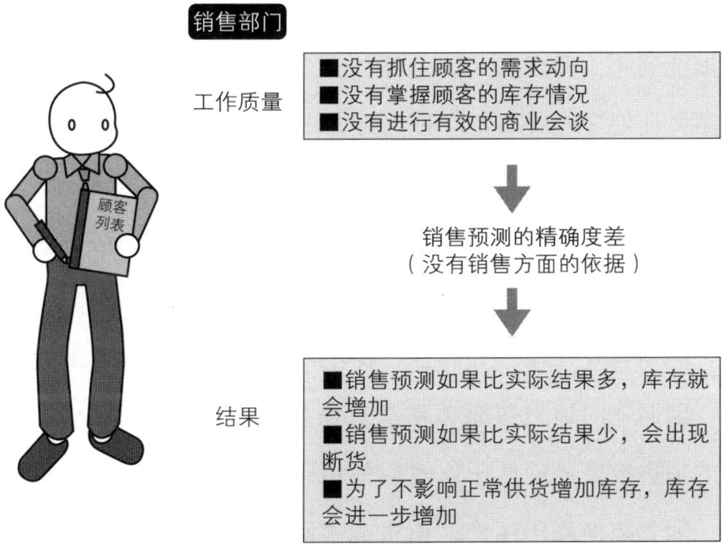

图 4-2　销售部门的库存增加的原因

由于没有掌握客户情况和需求，所以销售预测的精确度低，为不影响正常供货，只能增加库存。

如果能够把握客户的需求动向和库存情况，就可以以此为基础进行商谈，在销售预测精确度提高的同时，还能基于此向客户提出有利于客户的方案。这样一来，商业谈判能力提高了，客户对自己的信赖也加深了，工厂营业额的提高也就指日可待了。

比提高营业额更重要的事

下面笔者想给大家讲一个有趣的案例。某公司社长在一次生产销售会议上，发出了“再这样下去销售计划将无法达成。再加把劲儿，多卖点儿”这样的号令。或许这位社长认为完不成销售计划是绝对不允许的。既然社长直接做出了这样的指示，那么营业部门也只好回答说“我们尽力”，勉强提高了销售预测的数字。而生产部门因害怕公司将营业额停滞的原因归咎于自己，于是按照修改后的销售预测拼命加大生产。

但销售方式却一如既往，提不出一个能拿得出手的销售方案，因循守旧地只依靠关系进行强卖式推销。其结果就是，实际的销售数量远远低于修改后的销售预测数值，积累了大量库存。因大幅提高了生产，销售成本降低，表面上看起来利润增加了，但因为库存增加，导致了资金方面的恶化。

更有甚者，通过关系型销售把产品强卖给了客户，导致客户的库存也增加了，而增加的那部分会导致下个月对其的营业额锐减。这样一来，为强卖给对方使用的促销费用的意义也全无。

那么，像该公司这种情况，社长应该做何指示呢？请思考一下，如果你是该公司的社长，应该给出什么样的指示才对呢？

答案是，“我们应彻底提高销售预测的精确度！”“不管是按照不同客户，还是不同产品编号来分析，总之决不能让销售预测失真！”而如果做出“增加销售量”这样的指示，销售部门就会认为比起销售预测，还是先增加营业额为妙。这样一来，就会引发销售部门“先申报较少的销售预测数额，只要让实际销售结果看起来比预测的高就行”的想法。这样即使从结果来看营业额比预测的高，也还是没有掌握好客户信息，原先无法完成的有效的销售活动情况还是一如既往。不仅如此，一旦实际销售量超出预测值，又不得不紧急进行增产，由此还会产生损失。

另一方面，如果社长做出如下指示又会怎样呢？“虽然销售预测没有达到我们的计划目标，但我也不会让大家扩大销售。不过，针对不同客户、不同产品的销售预测一定要准确，多了少了我都不允许。”为提高销售预测的精确度，必须掌握不同客户对不同产品的需求动向和库存情况，以及竞争对手的动向等。另外，还必须做到在顾及客户经营策略的基础上，采取恰当的销售促进策略和进行商业会谈。虽然这样一来销售的负担会增加，但销售的商业会谈能力会得到飞跃式的提升。为了实现这一目标，确实需要花费一些时间，但这种提高销售预测精确度的做法，最终会实现营业额的提高。

工作质量体现在库存上

通过以上的叙述可以看出，导致经营者对销售预测的精确度低和无法达成销售计划的真实原因“要想从根本上改变工作质量，应如何做出指示和决策”，作为一名工厂经营者，时刻思考这一点是多么重要。不是“提高销量”，而是要“确保对不同客户、不同产品的销售预测的精确度”，这样的指示对于销售员来说非常困难，但如果每个月都追求这一目标，将会给销售工作带来质的改变。

另外，即使营业额没有达成计划目标，但如果销售预测精确度较高，也能够据此做出事先削减各项经费等举措，为确保计划利润采取恰当的对策。

如果预测精确度始终很低，却听信销售部门“为达成计划而努力”的口号，盲目地推进销售活动，那么如果营业额仍未达到计划目标就会无法确保目标利润。也就是说，预测精确度的高低对是否需要事先做出恰当的获取利润的对策也有一定影响。

如上所述，库存是销售工作质量的晴雨表。以削减库存为目的提高销售预测精确度，将提高销售工作质量、强化销售能力、增加营业额。另外，在为确保目标利润而提前采取对策这一销售体制方面也有着极为重要的作用。

4-2　不按计划生产会导致库存增加

之所以销售预测的精确度低，库存就会增加的原因是，生产无法按照计划进行。如果无法遵循生产计划，则无法确保按期交货，也就不得不靠库存来进行补充，进而导致库存的增加。如果无法在指定交货期交货，不仅会错失销售机会，还会给客户带来巨大的麻烦，失去客户的信赖，有时甚至会使客户转向与其他竞争对手合作。

这一风险太过巨大，所以有很多工厂采取持有充足库存，即便有些许生产延迟或未完成生产计划也能及时应对的措施（图 4-3）。在这类工厂，负责人会认为库存是一种安全措施，保持一定数量的库存是必要的。

但是，以此为目的持有库存，也正是无法保证生产计划这种工作质量低下的情况的原因。

为什么无法按照计划进行生产？——每当我问现场人员这个问题时，得到的回答大多是“没有按计划购入部件”“部件质量差，同批次产品不能用于其他生产”等备货和订货方管理的问题，以及“设备故障接连出现”“质量问题频发”等工厂生产

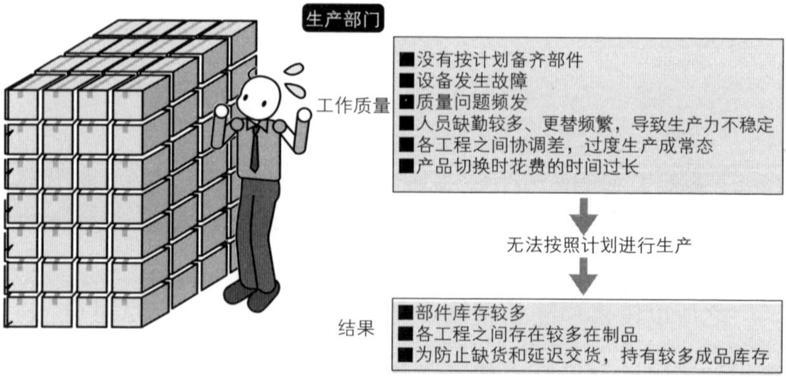

图 4-3　生产部门库存增加的原因

没有按计划备齐生产所需资材，设备和质量问题频发，所以无法按计划生产，为保障供货安全就易导致持有较多库存。

车间内部的问题。笔者在海外据点也听到过很多对于“人员缺勤和流动频繁而无法保证工时”“员工培训滞后”等的抱怨。这些问题只能说明筹备工作的质量差、设备维护的水平低、产品质量差、生产制造能力不足。

而且，这类生产制造现场，大多数都会为了防止生产停滞，而在工程进展过程中持有大量在制品库存，伴随而来的就是管理损失较大等问题。也就是说，工厂车间如果只能进行工作质量水平低下的生产制造，那么为了保证这种生产，就必须增加库存。

认为这种库存是必然的损失的工厂，会因为对这种工作质量低下的问题置之不理而无法推进改善工作。也就是说，这种工厂会产生较大损失、无法创造利润。库存真的是体现工作质量的晴雨表。

4-3　削减库存才是提高经营体制的最有效措施

正如在第 3 章中所讲到的，库存是资金转化成物品后休眠、闲置的状态，彻底削减闲置资产并将其转换成现金正是现金流经营实践的根本。所以，库存减少了多少资金就能增加多少，工厂的财务体制就会增强。

不过，削减库存的作用不只如此。我们再重新梳理一下库存的利弊。

首先，库存越多，仓库费用和库存管理费用就越高。仅盘货这一项作业就十分辛苦。寻找需要的部件和成品也是一件十分费力的事。另外，库存需要占用较大空间，所以会对工厂内的物流工时造成损失和浪费。其中，库存会对生产流动性造成阻碍，使生产无法保持原有状态。这些弊处造成的仓库费、劳务费、外包委托费等，都是对工厂利润造成损害的要因。

还有，长期滞留的库存会由于过了保质期而变质，甚至还需要被废弃掉。没有什么比扔掉花费宝贵资金购买的物品更浪费的事情了。

生产现场的在制品不仅会造成空间浪费，还会造成物流损失。如果没有在制品，当工程的协调和平衡性较差时，就能停止生产，也就能让工人在瓶颈工序中立即发现出问题并易于进行改善。这样，在加速提高生产力的同时，转变为无生产停滞的工厂，制造生产周期也会相应地缩短。这些措施在提高利润的同时，还能提高对需求变动的应变能力、提升客户满意度、强化销售能力。在制品减少、预测能力好的工厂，施工中受伤的现象也会减少（图 4-4），是一举数得的好事。

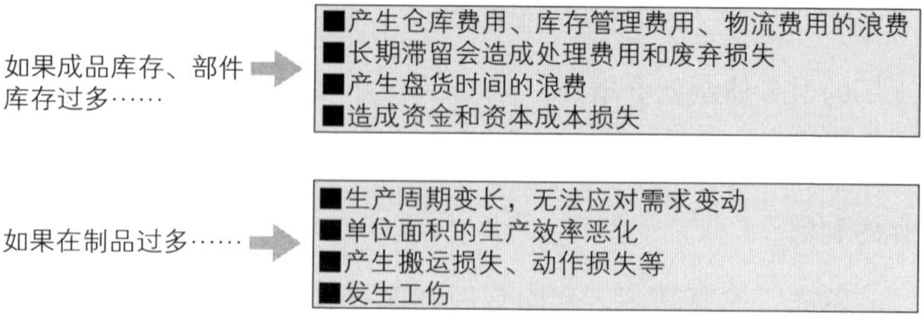

图 4-4 库存和在制品造成的浪费、损失

库存和在制品过多，会在物流、空间、生产力等各个方面造成损失。

通过削减库存强化工厂体制

削减库存的举措比任何手段都更能强化工厂的经营体制。工作质量高、库存才能减少。为了保证每一天都按计划生产，必须建立按规定日期备齐高品质部件的体制。没有设备故障和质量问题、按照标准时间进行生产的现场生产能力也是必需的。要想依据切实可靠的信息进行生产，就必须进行上述的经营活动变革。也可以说，这些举措是彻底消除浪费、强化工厂体制的基础。

笔者在初次拜访每一家工厂时，都会事先调查该工厂的存货资产周转期处于什么水平。仅凭这一项指标，就可以看出该工厂工作质量的高低。

存货资产较多的工厂，问题肯定较多。要么是备货时靠数月前的预测进行订货，要么是仓库里到处存放着滞留数月以上的资产。

对于不良资产的削减也没有进行恰当的处理。不仅在资金使用上十分浪费，花了钱后却放置不管的情况也很多。这类工厂的利润率大体上都很低。其中，还有些工厂“明明财务体制差到极点，却仍不思悔变”，令人震惊。

如上所述，削减库存的措施，直接关系到资金的产生，对工厂财务体制的改善也很有效，不仅如此，在改善工作质量、提高利润体制方面的效果也十分巨大。如果你即将担任工厂的经营负责人，那么笔者建议你在就任前事先确认一下库存情况。如果库存较多，那么这就是一座宝库。如果你不知道经营该从何入手，那就首先下达命令“将库存削减 20%”吧。通过持续不断、彻底地追求库存最小化，能够提高工厂工作质量，还能提高营业额和利润。库存削减了多少，工厂现金就会增加多少，也就能确保经营者推进下一步战略所需的原始资金。

第 5 章

关于利润

利润是创造现金时最重要的因素。平时，在充分利用变动盈亏表的同时，还必须采取把握机种构成、削减经营损失成本等措施。

另外，错误的创造利润的方式会导致现金的减少。

在本章中，将从经营负责人的立场出发，解释说明以现金流为基础确保利润时应该掌握哪些要点。

利润是创造经营现金流时最重要的一点。因此，无论是哪位经营者，平时都应该在始终不忘确保利润的基础上开展经营。对于降低成本和提高生产力、削减动力费和物流费、有效利用促销费用等具体措施，想必各位读者都已经充分理解了。接下来，我们从工厂经营负责人的立场出发，围绕其必须掌握的要点进行说明。

5-1 营业额变动导致利润变动

5-1-1 如果营业额有1000万日元的变动，利润会如何变化?

我想问问大家，如果你预测自己工厂的营业额会比计划目标下降1000万日元，那么你能否马上回答出利润会减少多少?反之，如果营业额提高1000万日元，那么你能否很快想出利润会增加多少?

如果你从事经营工作，那么就必须能够立刻回答出这类问题。因为，如果在生产销售会议上，预测出下个月的营业额将大幅低于计划目标，那么你就必须能当场把握利润会减少多少，并为确保计划利润的获得而做出应该如何削减各项经费等具体的指示。

听到营业额预测将低于计划目标的消息，如果你回答说“从客户的情况来看，这也是没办法的事”等，那么说明工厂无法正常运营了。为保证经营现金流，必须确保利润，如果利润不能按计划获得，那么也将无法按计划确保工厂资金。

另外，在制定经营计划时，如果不确定营业额增长值会使利润增加多少，就无法建立利润计划。作为肩负重任的经营者，必须弄清楚这一利润的基本知识。

5-1-2　将变动费用和固定费用分开考虑

营业额的变动会导致利润产生多大变化，这个问题只要看一下盈亏表（P/L）就能很快搞清楚了——或许有的读者会这样想。但事实上，仅看通常 P/L 的表面是无法估算出利润变动的。

要想了解利润的变化，就必须知道营业额的变动使费用发生了何种变化。费用大致上分为随着营业额的变化而变化的“变动费用”和即便营业额发生变化也保持不变的“固定费用”两大类。比如：原材料费用等随营业额的增加而增加的费用即为变动费用。另一方面，人工费用和折旧费用等即使营业额变化也保持不变的费用为固定费用。

营业额减去变动费用和固定费用后的差额即为利润。随营业额发生变化的费用只有变动费用，因此可得，只有从营业额扣除随之变化的变动费用的数额才会导致利润的变化。营业额减去变动费用后的数额称为“边际利润”，这个边际利润的变动数额，就是利润的变化量（图 5-1）。

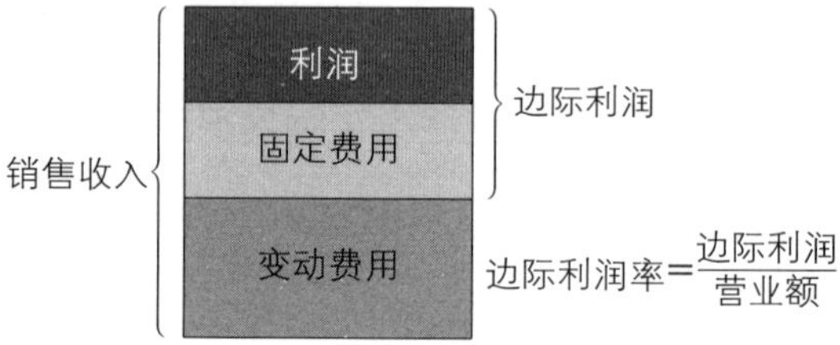

图 5-1　营业额的构成和边际利润

营业额减去变动费用的差额即为边际利润。营业额超过盈亏分叉点，则可以说其为利润和固定费用的和。边际利润率表示的是随着营业额的增减而发生变化的利润占营业额的比例。

用边际利润率计算利润变动

下面，我们就来试算当实际营业额变动时利润的变化值。

在这里，关键是算出边际利润除以营业额得出的“边际利润率”。事实上，只要有了边际利润率，用营业额变动数额乘以边际利润率即可计算得出利润变化值。我们来进一步详细说明。

如图 5-1 所示，边际利润率=（营业额-变动费用）/营业额=1-变动费用率。也就是说，营业额变动值×边际利润率=营业额变动值-变动费用变动值，这个数值就是利润变动值。比如：假设边际利润率是 40%，若营业额减少 1000 万日元，则利润就会减少 1000 万日元×40% = 400 万日元。因此，为确保计划获取的利润，就可以做出必须削减 400 万日元经费的判断。

如上，只要知道了边际利润率，那么当营业额将要低于计划目标时，就能够立刻知道利润将会有多少不足。只要知道了利润的减少额，就能做出确保计划利润的具体指示，如削减 400 万日元的经费等对策。

像这样，将费用分为变动费用和固定费用来计算工厂盈亏的会计表格称为“变动盈亏表”。实际上，这个变动盈亏表在把握工厂利润体制方面也是十分重要的表单。根据同一个表单既能采取措施推进工厂利润体制的提高，反之如果工厂利润体制恶化，也能通过该表单轻松找到并把握问题所在。

另外，为了能在出现利润差异时，快速找到哪项费用出了问题，在制定利润计划和回收计划时，该表单也是思考利润构成的极为有效的工具。

但是，在各工厂的财务报表 P/L 中，费用一栏并没有被分解成变动费用和固定费用。因此，如果是普通的盈亏表，则无法通过营业额的变动算出利润的变化，也无法保证工厂财务体制是否在营业额下降时也能创造利润。

为了搞清楚这些问题，必须自己制作变动盈亏表，将费用分解为变动费用和固定费用（请参照下面的“变动盈亏表的制作方法”）。在日常的经营管理中，请务必充分利用这个变动盈亏表。如果公司内部使用的用于财务讨论和计划讨论的盈亏讨论资料，还不是变动盈亏表，就应该下达“制作变动盈亏表”的指示。

变动盈亏表的制作方法

下面就来说明一下变动盈亏表的制作方法。变动盈亏表不仅仅是用来计算边际利润率的会计表单，在探讨利润差异和利润构成方面也经常使用。希望大家能够将这个表单牢记心中，平时充分加以利用。

结算报告大体上由图 5-A 所示的 P/L 组成。营业额减去销售成本的差额被计为销售总利润。所谓销售成本，即计入营业额的产品的制造成本（生产当期产品的成本）和进货成本的合计。销售成本刨去销管费（销售费用和一般管理费用）的差额即营业利润。

单位：百万日元

项目	金额
销售收入	52,476
销售成本	
期首产品存货额	1,657
当期产品制造成本	42,533
合计	44,190
期末产品存货额	1,733
销售成本	42,457
销售总利润	10,019
销售费用及一般管理费用	8,921
营业利润	1,098

图 5-A　普通的盈亏表

可以看到制造成本及销售成本、营业利润等数值，但变动费用和固定费用并不明确。因此，无法正确把握随着营业额的变动而改变的盈亏变化。

通过图5-B所示的制造成本明细表可知，制造成本包括：诸如原材料费用和水电气费用等随营业额一起变化的变动费用，和折旧费等与营业额无关的费用（固定费用）。同样，销管费中，也包括像配送费用（包装搬运费用）等随营业额变动的变动费用和像人工费（工资）等不随之变动的固定费用。

制造成本明细表示例　　单位：百万日元

变动费用 / 固定费用

项目	金额	
原材料费用		16,892
劳务费用		14,168
经费		
水电气费	910	
折旧费	3,678	
修理费	287	
差旅费、交通费	220	
通信费	150	
外包加工费	2,999	
其他经费	3,231	
当期经费		11,475
当期制造总费用		42,535
期首在产品存货额	1,087	
合计		43,622
期末在产品存货额	1,087	
当期产品制造成本		42,533

单位：百万日元

项目	金额	
原材料费用	16,892	
水电气费	910	
外包加工费	2,999	
变动费用合计		20,801
劳务费用	14,168	
折旧费	3,678	
修理费	287	
差旅费、交通费	220	
通信费	150	
其他经费	3,231	
固定费用合计		21,734
当期制造总费用		42,535
期首在产品存货额	1,087	
合计		43,622
期末在产品存货额	1,087	
当期产品制造成本		42,533

销管费示例　　单位：百万日元

变动费用 / 固定费用

项目	金额
销售手续费	949
包装搬运费	1,800
广告宣传费	1,044
董事报酬	194
工资	1,096
公司福利待遇	175
差旅费、交通费	42
付款手续费	604
折旧费	294
其他	2,723
一般管理费、销售费合计	8,921

单位：百万日元

项目	金额	
销售手续费	949	
包装搬运费	1,800	
变动费用合计		2,749
广告宣传费	1,044	
董事报酬	194	
工资	1,096	
公司福利待遇	175	
差旅费、交通费	42	
付款手续费	604	
折旧费	294	
其他	2,723	
固定费用合计		6,172
一般管理费、销售费合计		8,921

图5-B　制造成本和销管费明细表示例

分别将制造成本、销管费各自的变动费用和固定费用计入。

将这些销售成本和销管费用分为固定费用和变动费用，并将分别整理汇总的表单称为变动盈亏表（图 5-C）。也就是说，

单位：百万日元

	项目	金额	比率
	营业额	52,476	100
变动费	原材料费	16,861	32.1
	水电燃气费	908	1.7
	外包加工费	2,994	5.7
	销售手续费	949	1.8
	包装搬运费	1,800	3.4
	变动费用合计	23,512	44.8
	边际利润	28,964	55.2
固定费用	劳务费	14,168	27.0
	折旧费	3,678	7.0
	修理费	287	0.5
	差旅费、交通费	220	0.4
	通信费	150	0.3
	其他经费	3,231	6.2
	广告宣传费	1,044	2.0
	董事报酬	194	0.4
	公司	1,096	2.1
	福利待遇	175	0.3
	差旅费、交通费	42	0.1
	付款手续费	604	1.2
	折旧费	294	0.6
	其他	2,723	5.2
	固定费用合计	27,906	53.2
	生产销售劳动力差异平衡	－40	－0.1
	结算固定费用合计	27,866	53.1
	营业利润	1,098	2.1
	盈亏平衡点	50,559	96.3

图 5-C　变动盈亏计算表范例

将变动费用和固定费用分开统计的表。这样更易于把握边际利润和盈亏分叉点。

将销售成本和销管费用中的各项费用分成固定费用和变动费用两大类，并在此基础上分别汇总、表记。

在这里最重要的是，根据本公司实际情况对各项费用进行分类。比如：在海外工厂，生产制造现场的作业人员大部分都是派遣职员，随着生产的变化，人员数量也跟着增减。因此，表示人工费用的劳务费一项就不应计为固定费用，而应分到变动费用一栏。不能因为是人工费用就都当作固定费用，而应按照实际情况进行分类，这一点十分重要。

令人烦恼的是在销售成本中，不仅包括当期制造成本，还包括期首的存货资产（期首产品存货额）和期末存货资产（期末产品存货额）的差额（存货资产增减）。在制作变动盈亏表时，对这个项目如何处理和把握，会有很多人搞不清楚。

对于存货资产的评估，应根据会计制度按全部成本计算方式①进行计算，在存货资产中，变动费用和固定费用要合计。所以，在制作变动盈亏表时，这个存货资产也有必要分解为变动费用和固定费用。

关于分解的方法，严格来说，最好按照制造时的制造成本的明细（细目）分解为变动费用和固定费用，但实际上要想确定具体是何时制造出来的产品，并按该时间点来计算非常困难，

---

①　不仅是原材料费用等变动费用，与生产制造相关的固定费用也一并计入，计算资产价值的计算方式。

也是不现实的。所以，大多数情况下，存货资产的增减量就简单地按照当期制造费用的细目分解为变动费用和固定费用来进行计算。存货增减量从总体销售成本上来看微不足道，因为这部分数值的精确度并不十分重要。在图 5-C 的计算例中，存货资产增减量的变动费用，是用制造费用的各项变动费用率来进行分解的，固定费用部分则由存货资产增减量的固定费用占比相加后计算得出。

制造成本中的在制品增减量同样也可以分解为固定费用和变动费用，但要在确定了如何界定在制品后，再进行分解。如果不好分清界限，那么以是否已经加工完成一半为标准进行分解也是一种方法。具体来说，原材料费用是开始加工时即投入的费用，因此 100%全部计作投入，而其他制造费用就视作处于加工过程中，只计入一半来计算。

一般情况下，在制品的增减变化极小，因此像这样，按加工到制造工序的一半的假定来计算并没有实质上的问题。不过，对于在制品的界定，由于各工厂以及制造工序的不同而有所区别，所以在在制品的增减较大的情况下，必须按照实际情况进行分解。

另外，在固定费用合计一栏，不包括存货资产的增减平衡时的固定费用（生产销售劳动差异平衡的固定费用②），如图

② 指该项固定费用能使生产和销售相等，不产生差异的平衡情况。

5-C所示，这一项记录在固定费用合计一栏的下面，再往下则是这两项相抵后的结算固定费用合计。这一项数据在推进经营管理时，用来检验实际发生的固定费用是否合理。

存货资产增减平衡时的固定费用是指，由于固定费用被分配到存货资产中，而导致的计算上的固定费用差异（由于库存增减导致的利润影响平衡），因此，要想察看为创造原计划的利润而采取的削减固定费用的措施情况和工厂的利润体制情况，这项数值没有意义。

5-2　灵活利用变动盈亏表

变动盈亏表是很重要的，希望大家都能够在平时充分利用这张会计表格。

表5-1表示的是将计划和实际业绩用变动盈亏表进行比较得出的结果。根据这张表即可对计划与实际结果之间产生差异的原因一目了然。

首先，我们先看看变动费用。变动费用随营业额变化而变化，因此通过其所占比率来进行比较、分析十分重要。比如：原材料费率比计划降低了0.8%。这就意味着原材料费率的降低能够使营业利润率提高0.8%。虽然促销费的所占比率与计划数值相比有所上升，但由于其他变动费用能够降低，所以将变动费用率降低 1.1%，就能够使边际利润率提高 1.1%。

表 5-1　变动盈亏表中计划与实际业绩比较

重点是变动费用用比率、固定费用用金额来进行预算与实际的比较。

（百万日元）

		计划		实际业绩	
营业额		28,887	100.0	29,458	100.0
变动费用	原材料费	10,470	**36.2**	10,428	**35.4**
	运送费	1,568	**5.4**	1,599	**5.4**
	销售手续费	2,417	**8.4**	2,383	**8.1**
	促销费	4,189	**14.5**	4,449	**15.1**
	其他	1,548	**5.4**	1,412	**4.8**
	合计	20,192	**69.9**	20,271	**68.8**
边际利润		8,695	**30.1**	9,187	**31.2**
固定费用	直接劳务费	**1,272**	4.4	**1,235**	4.2
	间接劳务费	**2,685**	9.3	**2,682**	9.1
	（人工费合计）	**（3,957）**	（13.7）	**（3,917）**	（13.3）
	折旧费	**1,264**	4.4	**1,117**	3.8
	各项经费	**1,547**	5.4	**1,580**	5.4
	合计	**6,768**	23.4	**6,614**	22.5
生产销售劳动差异平衡		−265	−0.9	−447	−1.5
结算固定费用		6,503	22.5	6,167	20.9
营业利润		2,192	7.6	3,020	10.3
营业外收支		48	0.2	28	0.1
整体收益		2,240	7.8	3,048	10.3
盈亏平衡点		22,485	77.8	21,208	72.0

固定费用用“金额”来评估

固定费用与营业额的变化无关，所以不用比率而是用金额来进行比较。我们通过观察表 5–1 中固定费用的细目便知，可将人工费控制在计划数额以内，折旧费也可以通过将设备投资额控制在计划内，而使之低于计划金额。其他的各项经费即使稍高于计划金额，在固定费用的总额上也会远远低于计划数额。

因为确保了实际营业额超出计划，所以在提高边际利润率的同时还能极大地提高其数额。而且由于将固定费用控制在了预算范围内，所以能够确保获得高于计划数额的利润。

如上，制作变动盈亏表进行比较，就能够对是何种原因导致利润产生了差异一目了然。平日工作中，在把实际业绩与计划相比较，以及与前年业绩相比较的时候，请务必灵活运用该表格。

另外，如上所述，在制定利润计划以及在对计划未达成的预测方面，变动盈亏表在探讨采取何种措施能创造出多少利润时也是一个有效的工具。原材料费等变动费用做多大程度的优化，就能使变动费用率降低多少个百分比，使利润提高多少个百分比，通过削减固定费用能够增加多少利润，这些问题只要查看变动盈亏表即可快速计算得出。

5-3′ 关于盈亏分叉点

5-3-1 盈亏分叉点的定义

接下来，我们围绕把握和衡量工厂利润体制时最重要的“盈亏分叉点”来进行说明。

图 5-2 表示的是费用（固定费用和变动费用）和营业额、利润的关系。最下面的部分是如人工费用和折旧费等即使营业额变化也绝不会产生变化的固定费用。其上的三角形部分是原

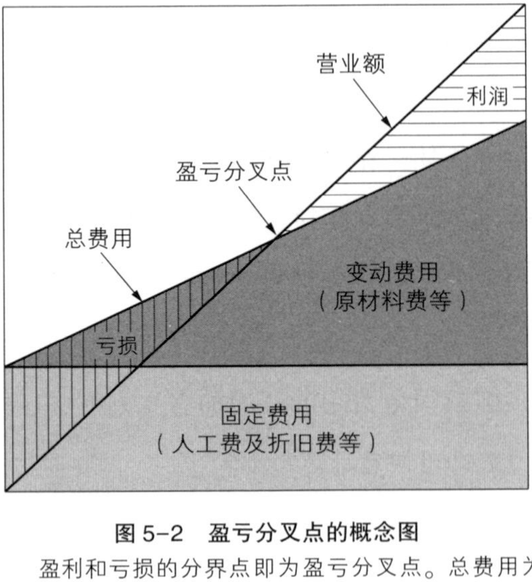

图 5-2 盈亏分叉点的概念图

盈利和亏损的分界点即为盈亏分叉点。总费用为固定费用和变动费用的合计，营业额如果与总费用为相同金额，则利润为零。

材料费等变动费用。变动费用随营业额变化而变化，因此营业额越高，变动费用就越多。固定费用和变动费用之和是总费用。如果在这里画上营业额的变化曲线，则营业额减去总费用的差额即为利润。如果总费用高于营业额，则工厂亏损（图中画线部分为盈利或亏损）。

亏损和利润的分界点即称为“盈亏分叉点”，其金额称为“盈亏分叉点营业额”。另外，盈亏分叉点营业额除以实际营业额，得到的数值为“盈亏分叉点比率”(参照P128“盈亏分叉点的求解方法”)。

盈亏分叉点比率如果小于1，则盈亏分叉点比实际营业额低，因此工厂盈利；盈亏分叉点大于1，则工厂赤字。从这一点我们还可以看出，盈亏分叉点越低，工厂的利润体制越健全。也就是说，盈亏分叉点比率在衡量工厂利润体制上是极为重要的一点。因此，经营者必须每年都致力于降低盈亏分叉点，甚至可以说，经营者应该在制定计划阶段就以降低盈亏分叉点为目的。

5-3-2　如何提高利润体制

大家应该都已明白，要想提高工厂利润体制，重要的是如何降低盈亏分叉点。那么，怎样才能降低盈亏分叉点呢？要点有以下四个。

第一个要点是降低图 5-2 最下面部分的固定费用。固定费用降低了，盈亏分叉点也会相应地降低［图 5-3（a）］。

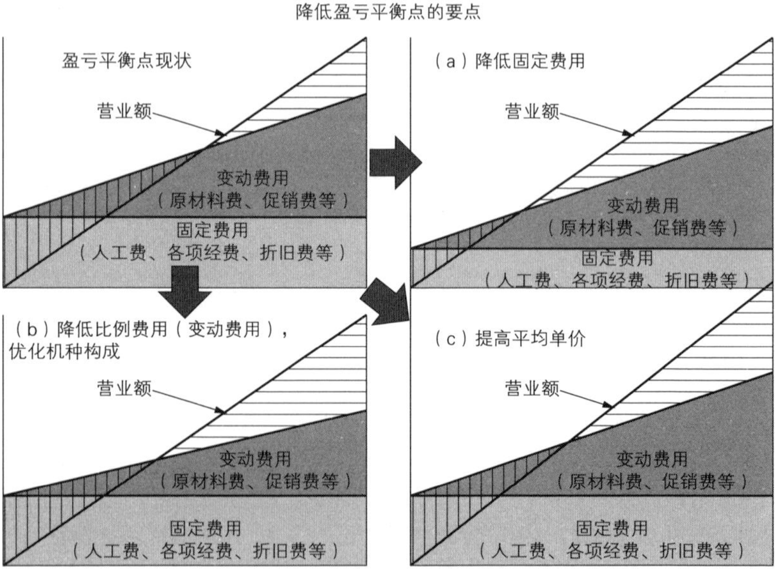

图 5-3　降低盈亏分叉点

可考虑降低固定费用、降低变动费用率、优化机种构成、提高平均单价这四种方式。

第二个要点是降低变动费用率。如果原材料费等变动费用降低了，图中表示变动费的斜线的倾斜程度（变动费用率）也会变小，盈亏分叉点就会下降。

第三个要点是将整体的变动费用率降低，也就是增加变动费用率较低的（边际利润率高）产品、机种的销售构成，减少变动费用率高的（边际利润率低）产品的销售。简单地来讲，即扩大好赚钱的商品的销售，减少不好赚钱的商品的销售。也就是所谓的“机种构成的优化”［图 5-3（b）］。

第四个要点是提高产品单价。单价提高了，变动费用率就会下降。如果能够提供给客户可接受的单价较高且有吸引力的新型商品，变动费用率就会相对地下降［图 5-3（c）］。

也就是说，要想使盈亏分叉点降低，就必须把握①降低固定费用，②降低变动费用率，③优化机种构成，④提高产品的平均单价这四个要点。

5-3-3　对机种构成进行重新修改

在上述降低盈亏分叉点的要点之中，对于固定费用和变动费用的削减，需要多进行以原材料费用为代表的各项费用的合理化、提高生产力、削减各项经费等举措，这一点相信大家都已经明白了。

下面我想针对作为经营者应做出的决策的重点——机种构成的优化来进行阐述。另外，这里虽采用了机种构成一词，但如果工厂经营多种事业的话，也含有业务构成的意思；如果是生产多种类产品的话，则也含有产品构成的意思。

事实上，这个优化机种构成的方法，在第 6 章经营计划的制定的内容中，探讨工厂事业战略时也是必须要确认的重要事项，因此希望各位读者对这一点都能掌握好。

盈亏分叉点的求解方法 在存货资产增减平衡固定费用的处理上要注意

盈亏分叉点，即营业额=固定费用+变动费用的节点。

在这里，设定营业额=S，固定费用=F，变动费用=V，则

V=（1−边际利润率）×S

盈亏分叉点Sb的值为Sb=F+V所得的数额，因此，

可以得出Sb=F+（1−边际利润率）×S

从该项算式可得

Sb=F/边际利润率

也就是说，盈亏分叉点=固定费用/边际利润率。

在这里需要注意的是固定费用。特别要搞清楚，固定费用中的存货资产的增减平衡固定费用是否包含其中。对此，笔者建议不包括存货资产的增减平衡固定费用（生产销售劳动差异平衡固定费），而使用当期实际发生的固定费用的数值进行计算。

实际上，按照解说书，也会有“使用包含期首和期末存货资产的差额（存货资产的增减）部分的固定费用（生产销售劳动差异平衡）的结算固定费用数值来计算”的情况。但那样一来，到了期中，大部分生产完成的存货资产越是增加，结算固

定费用就越会下降，表面看来盈亏分叉点就会变低（实际上，每一件产品的固定费用下降了，利润就增加了）。这就是存货资产评估时使用了将固定费用、变动费用、成本都包括在内的“全部成本计算方式”，因此，存货资产增加的部分就会使销售成本相应地减少，存货资产增减量的固定费用计为负数。这并不是靠实力使固定费用降低，而是库存越是积累增加，盈亏分叉点就越低，也就是说，只不过是“数字上的魔法”。从判断工厂利润体制是否真正变好了这个意义上来说，加入生产销售劳动差异平衡的固定费用的话，则无法做出恰当的判断，因此要想算出盈亏分叉点，就不能包含存货资产增减平衡的固定费用，而应以当期实际发生的固定费用来计算得出。

首先要弄清楚利润构成

如果你肩负工厂经营的重任，首先应把握自己工厂各项业务，及产品/机种的营业额、利润的构成。即了解哪种业务、产品、机种能够产生多少营业额、赚取多少利润。

如果能够把握这些，对于赤字的业务和产品/机种，就能够及早采取行动以确定改善的方向；对于利润巨大的业务和产品/机种，由于重点是如何进一步扩大利润，所以能够在此基础上展开讨论。不仅要把握不同业务和产品情况，掌握不同客户的情况也很重要。因为如果某个客户出现赤字，就必须探讨相应的对策。

要想把握工厂的利润构成，就必须要了解不同产品和不同机种的成本，至少应确认不同机种的边际利润。对于边际利润，只要知道不同产品的变动费用就能够把握，即使对于没有进行过成本管理的工厂，也并不十分困难。所以请务必把握住这一点（参照 P133“在经营判断中，直接成本计算很重要”）。

表 5-2　边际利润图

制作各个产品、机种的边际利润额、利润率、构成比等的汇总整理图，找出需要重新修改的制造、销售的机种等。

销售额构成和边际利润额构成

（　年　月）

产品编号	价格(日元)	边际利润(日元)	(比率)	销售数量(个)	营业额(千日元)	(构成)	边际利润额(千日元)	(构成)

了解了工厂的边际利润后，就可以开始制作如表 5-2 所示的不同产品营业额和边际利润汇总图表了。在这张图中，边际利润数额为负的业务、产品、机种，营业额都低于变动

费用，也就是说，这意味着工厂向外支付的金额比营业额要多。该状态即越卖钱越少，赤字不断累积，因此可以判断出，必须立即停止生产、销售，或大幅提高价格。边际利润为赤字的产品和机种，代表工厂处于“出血”状态，因此必须立即“止血”。

用图表示并判断

在制作边际利润图的同时，还希望大家能够制作表示营业额和边际利润额构成的表格。有了这个表格，无论是何种机种（客户/业务）占多少营业额，相对的，其边际利润额有多少，都能够轻松把握（图 5-4）。因此，在讨论应该采取何种对策时也会更容易。

比如：图 5-4 的机种 B 和机种 H，任何一种都能够创造相同程度的巨额营业额，但如果看边际利润额，则机种 B 远比机种 H 的数值要低。因此，可以判断出对机种 B，必须重点实施降低变动费用的措施。

相反，虽然营业额构成占比很小、边际利润构成占比却较大的机种，则应该积极探讨如何进一步扩大生产。是在销售部门，最需要探讨如何才能多销售这种边际利润率高的商品。

如上，将营业额和边际利润额构成制作成表格，营业额与利润的构成对比就一目了然，就更容易对应该优先采取措施降

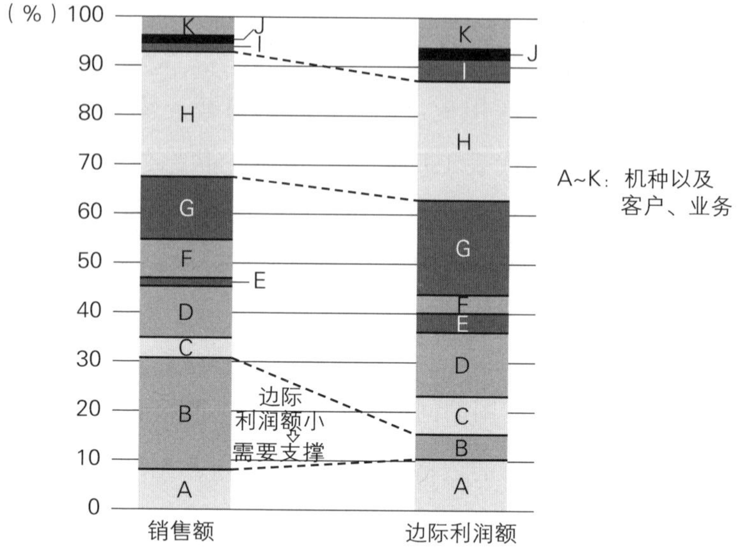

图 5-4　机种构成表

如果将营业额和边际利润额按照不同机种、客户、业务分别用不同颜色区分并制作表格，就能在确保利润的基础上更容易把握有问题的机种等。

低哪种机种的成本、应该重点销售哪种机种等作出判断。

从上面的叙述可以得知，销售部门应该管理的事项不仅仅是达成销售计划（营业额预算）。因为如果只关注销售边际利润率低、容易卖出去的商品，即使达成了销售计划，如果边际利润额不能按计划完成，也无法确保工厂最终利润。至少，销售部门的计划不仅是营业额，而且必须以边际利润额为目标。

平日工作中像图 5-4 一样关注机种构成，掌握与计划的机种构成相比实际业绩如何，并进行管理非常重要。哪个机种能创造利润，哪个机种经常拖总利润的后腿，从哪家客户能够获利，哪家客户存在问题……掌握了这些信息，就能够明确为改善利润构造应立即叫停的机种和客户是哪些，应重点实施减低成本的机种是哪个，应对哪家客户提出涨价要求等问题。

如果没头没脑地提出“因为没有盈利，所以要采取优化措施”，是不可能知道该从何入手的。最重要的是明确首先应叫停的机种和产品，明确应重点整顿的机种、产品及具体整顿事项，之后再开始实施。

在经营判断中，直接成本计算很重要

从经营的视角来看，要想对机种构成的优化作出判断，把握不同机种、不同产品编号的边际利润很重要，这一点想必大家都已经清楚了。但是为此，必须要把握不同机种、不同产品编号的边际利润。

实际上，在成本计算中，有“全部成本计算”和“直接成本计算”两种方式。全部成本计算是将变动费用和固定费用等全部成本要素都分配到不同产品中的计算方法。与此相对，直接成本计算是只将变动费用分配到产品中的计算方法（图 5-D）。

导入成本管理体系、能轻松把握不同产品的成本的工厂虽

直接成本计算

产品编号	A	B	C	…	合计
营业额	×××	×××	×××	×××	××××
变动费用	×××	×××	×××	×××	××××
边际利润	×××	×××	×××	×××	××××
固定费用					××××
利润					×××

图 5-D　直接成本计算表

然很多，但在刚刚成立不久的海外据点，尚有很多仍未导入这一体系的地方。

在这种尚未导入成本管理体系的地方，只要有变动费用，就能较为轻松地把握成本，所以希望这些据点至少应掌握直接成本计算的方法。边际利润是营业额减去变动费用后的差额，因此要想掌握不同机种、不同编号等各个产品的边际利润，只要能够进行直接成本计算就可以实现。

最初，在建立成本计算的方法时，最棘手的问题就是固定费用该如何分摊。这一分摊基准到最终确立花了很长时间。越是根据实际情况出发，问题就越复杂，有时甚至会出现非常任意的分摊基准。

但是，由于在直接成本计算中，只将变动成本作为计算对象，所以不存在这种棘手的问题。另外，从经营的视角出发，固定费用按照当期成本（当期花费的成本）计算。实际上，不同岗位都是分别实施各项生产制造经费的削减和加班费的削减等，所以分别进行分摊就没什么意义了。也就是说，这些都作为当期成本，以各个岗位/各项费用的削减举措和管理为中心的要素较多，只要把握住了不同产品的变动费用，从管理经营的立场上来说就能够大致掌控全局。

当然，对不同产品成本的把握，在推进价格预估和降低成本的措施方面也很重要，因此导入标准成本计算的方法有重要意义。但即使是没有导入这一计算方法的地方，为了进行经营判断，至少应先学会直接成本计算。

5-3-4　为何要用边际利润来判断

那么，为何要用边际利润来进行判断呢？如果采用将固定费用也分摊到各个产品中的成本计算方法（标准成本计算和实际成本计算），就能够把握各个产品的最终利润，所以可能有很多读者会觉得应该使用这个方法来判断。

但如果用各个产品的最终利润来进行判断，会在经营上犯下巨大的错误。试想，如果不同产品、不同机种的利润虽是赤字，但边际利润却为正的产品、机种构成、销售被叫停了的话，怎么办？可想而知，产品、机种赚取的边际利润额没有了，消失的那部分金额就会使全公司整体的利润减少。

再进一步详细说明就是，因为分摊到各个产品中的固定费用仅是整体固定费用按照某种基准进行分摊的，所以假设该产品是赤字被停止销售，该产品负担的固定费用（该产品确保的边际利润份额）就不得不转由其他产品背负。其结果就是，分摊基准（费用率）变高，原本盈利的产品都有可能变为赤字了。

也就是说，即便知道了固定费用也被分摊进来的成本金额，也不能只单纯地盯着不同产品的利润，就做出终止该产品的销售、撤出业务等经营判断。

如何处置边际利润率低的商品

观察表5-2所示的边际利润图可知，做出撤出业务和产品的判断、指示从某种意义上来说是理所当然的，但只要边际利润为正，即使该数值较低也无所谓吗？也就是说，一旦撤出业务，边际利润额就会相应地减少，所以即使只有极少的边际利润也不得不将该项业务继续下去，做出这样的判断并任其发展真的合适吗？

当然不是这样。为扩大利润，作为经营者，最重要的就是时刻从如何让边际利润最大化的视角出发并不断思考。因此，对于边际利润低的产品和机种，不能放任自流，而应该重新探讨可行方案，比如将相关的经营资源重新配置到其他方面，创造更高的附加价值等。

首先，应再次确认是否还有继续推进边际利润低的产品/机种构成/销售的价值。然后，再探讨该产品构成、销售终止后，流失到外部的费用中是否存在能够削减的部分。

在作为制造费用中的固定费用进行区分、管理的部分里，应该也会有该产品制造终止后能够节省下来的费用。销管费中的固定费用也是一样。像这样进行细致地检查后，比起边际利润额，若该产品、机种构成、销售终止，固定费用的削减额有可能更多。如果是这样的话，那么最好终止制造、销售。

另一方面，也有的产品边际利润额几乎没有多少，但营业额非常高，该产品如果停产会对整体水平造成巨大影响。对这样的产品，就必须采取措施拼命削减成本。如果有还能继续工作的设备等，必须探讨是否将外包生产的零部件转为内部制造等对策，并通过这一举措提高边际利润额。

对固定费用的理解

在思考上述对策的基础上，笔者还想就固定费用的理解再做一些说明。如前文所述，固定费用是不论进行了多少生产都不会改变的费用，但实际上如果要进行一定水平以上的生产，以目前的人员和设备是无法应付的。也就是说，超出一定水平之后，固定费用也会增长。相反，如果生产降到一定水平以下，因为与之相关的设备和建筑物的变卖以及人员的削减等，也可能会使固定费用大幅降低。

为此，应把握以目前的固定费用能够进行生产的最大能力（不同工程、不同设备），实施前文提到的转为内部制造的举措，探讨以目前的固定费用最大限度地提高边际利润的方案。

从另一方面来讲，如前文所述，对于花费巨额的固定费用却只能创造极少的边际利润的产品和业务，应讨论是否能通过终止制造、销售，削减超出边际利润额的固定费用。实际上，这一举措从业务角度来看，就是撤出该业务，从大幅削减固定费用的意义上来看，就是生产据点的撤离及大幅裁员。也就是说，如果花费了巨额固定费用，却只获得了极少的边际利润，那么就需探讨通过终止该业务，一举削减固定费用的可能性。

那么，如果工厂经营一帆风顺，已经用以目前的固定费用能够发挥出的最大生产能力进行生产的话，是什么样的呢？这种情况下，是难以实现边际利润的进一步扩大的。可以商讨通过大幅增加固定费用来扩大生产规模的方法，不过那样一来就必须一并讨论投资能否回收、如何进行新设备投资等资金筹措问题。

但是，在此之前还有一件事必须要做。即讨论前文所述的机种构成的优化，也就是如何对目前生产机种的构成进行改变（机种构成）。思考能使边际利润额最大化的产品组合，这就是在管理会计学中经常被提及的“销售组合”。

具体来说，就是将各个产品的不同工序的加工时间和不同产品的边际利润进行矩阵排列，探讨在有限的加工时间中使边际利润最大化的产品组合。

不过，在现实中，如此顺利地按照计算结果进行机种构成是十分困难的。在理论上，确实是如果能够按照上述讨论结果进行机种构成并销售的话很好，但现实是，正因为有价格低廉的商品，价格高昂的商品才有市场，这是不争的事实。因此，必须结合市场动向，讨论最终如何进行机种构成组合。实际上，对几乎没有多少边际利润的低价商品生产数量进行限制，并将之与边际利润高的商品进行组合销售，作为提高边际利润的举措让销售部门根据市场的实际情况进行探讨，才是最现实的做法。

为提高边际利润，要点是降低变动费用、优化机种构成、抬高平均价格，其中机种构成的优化，就是如何多销售赚钱的商品、如何将产品替换成赚钱的商品这些经营者肩负的课题，希望经营者能够深刻认识到这一点。特别是海外生产据点常会制造一些在日本制造会不划算的产品，边际利润率较低的产品也很多。希望这些据点灵活运用表 5-2、图 5-4 所示的图和表格等进行改善。

5-4 竟然没被彻底削减的经营损失成本

至此，我们以变动盈亏表为基础，介绍了提高工厂利润体制的思考方法。但有些东西仅从变动盈亏表中是看不出来的。没有注意到这些地方的话，就会在不知不觉间产生经营损失成本。能否意识到这一损失成本并采取措施进行削减，从提高利润这一视角来看有着巨大的差异。那么，损失成本到底是什么？下面让我们来看一看主要的损失成本类型。

▼ 质量损失——可视化管理

产生最多的是质量损失成本。每家工厂都会对质量进行管理。重要的是，不仅关注不同产品、不同原因引发的市场次品件数、次品率，不良工序、不良零件的件数和发生率，而是从对利润的影响这一视角出发，能在多大程度上深度挖掘和把握质量损失成本。如果没有一个对损失成本的正确认识，削减成本就无从谈起。

用于应对产品市场质量问题的费用（免费换货、免费维修、免费更换零部件、送货费、出差费、面向市场宣传的通告费用等），大部分工厂都能正确把握。除了由零部件质量问题和作业不规范等引发的修理费用、再次检查费用、货品退货返仓的费用之外，自身引起的零部件质量不过关和次品损失费也应作为损失成本来看待。质量问题引起的运转停滞损失等也属于损失成本。

新产品启动阶段的损失成本也很多。比如：由于改变设计而导致修改金属模具的损失、试运行的修正费用、质量再评估的工时损失、标准作业说明的重新制作、检查工具的重新制作等。在量产即将开始之前，多数情况下零部件的部署和安排已经完成，还有可能发生零部件的废弃损失和服务手册等的变更损失。

将这些费用全部在P/L中的某项费用中体现和反映出来，对其进行“可视化”管理十分重要。细致地实行“可视化”，并对这些费用进行削减，能提高产品质量、缩短新产品的开发周期。

而且，要想削减质量损失成本，对设计、零件、制造、物流等各种原因分别进行管理的办法十分有效。为削减品质不良的问题，必须明确原因并探讨防止问题再次发生的策略。要想做到这一点，重点是能够在多大程度上对这一问题进行横向展开。不仅是对发生质量问题的商品，还要对有相同构成的其他商品、类似工序、类似零件等展开相同的次品对策，否则，质量问题就会像打地鼠一样，层出不穷。从这个意义上来讲，根据不同原因进行管理（包括对策管理）也十分重要。

▼ 废弃损失

废弃损失是对不良资产和滞留资产的废弃，以及伴随固定资产的废弃而引起的损失成本。为了不发生特意花钱购买的资产被废弃而产生损失的情况，重要的是应该慎重把握废弃损失。

▼ 销售损失——对利息平衡也要注意

销售也会产生损失。其中一个比较难理解的是销售机会的损失。由于交货延迟和缺货断货，导致商品没有卖出去的损失即销售损失。

处理滞留库存的费用也是损失成本。持有过多的产品库存而产生的利息变化也是损失。比如：假设计划的产品库存量为七天的量，超出计划值的库存金额对应的利息变化即损失。应收账款的回收延迟也是一样，产生的这部分利息即为损失。如果这部分账款变为滞留债权，则必须偿还的这部分金额也必须作为损失成本进行管理。

▼ 制造损失

每家工厂都会对劳动效率、劳动生产率、成品率进行管理。在此基础上产生的劳动损失、操作率（开工率）损失、直接劳务费的时间差异损失、前文提到的次品损失费、原材料费数量差异等都应作为损失成本进行管理。

▼ 紧急物流费损失

海外等出口据点常发生的损失之一即物流费。这是指交货期在即，因使用一般海运来不及，而使用加急的航空件进行空运等情况产生的损失成本。如果产品尺寸较大则会产生较大的损失成本。

以上内容叙述了经营损失成本的一个侧面，平时就明确应进行管理的损失成本项目，并采取措施进行削减十分重要。损失成本的削减在提高利润的同时还能够改善工作质量、强化工厂竞争力。

5-5 决不能采取无视现金流的增加利润的策略

无视现金的增加利润策略不仅毫无意义，反而会在增加资本成本的同时导致工厂财务体制恶化。下面，作为反面教材，笔者向大家举例说明一个无视现金流而只顾增加利润的失败策略。

积累库存会使利润增加

我们对前言中曾提到的问题 3 “滞销也持续生产从而使库存增加，这种情况下，利润和资金会发生何种变化?”，用盈亏表进行确认。大家已经学会了现金流的基本知识，所以应该都知道如果库存增加，增加的部分会使工厂现金相应地减少。那么，为什么增加库存会产生利润呢？

我们以表 5-3 为例进行简单的说明。在这个例子中，三期的营业额都是 180 万日元，但生产量增加、库存增加的第 2 期产生了 41.5 万日元的利润。在此，我想让大家看一看每件商品的成本。由于成本是按全部成本计算法（一种将变动费用和固定费用都加进去计算的成本计算方式）计算得出的，所以即使变动费用相同，每件商品的固定费用也会随着生产量的增加而减少。

所以，只要看一下 P/L 即可明白，销售成本 = 期首库存 + 当期制造成本 - 期末库存（因为是计算当期销售量的成本，所以期末库存量不计为当期成本），因而大部分生产出来又积累为库存的数量越是增多，平均到每件商品的成本越会降低，结果就会使利润增加。

然而，即使这样会产生利润，现金还是会减少。虽然确保获得利润是增加现金的最基本手段，但像这种通过减少现金来创造利润的方式，如果从现金流经营的视角出发来看，存在很大问题。

表 5-3　库存增加导致利润变化的实例

三期的销售额均为 9,000，售价同为 200 日元/个。在制造成本中原材料费等变动费用为每个 30 日元，销售等变动费用为 5 日元/个。制造费用中的人工费-折旧费、经费等的固定费用为 120 万日元，销管费的固定费用为 35 万日元，三期均相同。存货资产的评定按照先入先出法计算时，可看出盈亏情况为：第 2 期库存增加，表面看来利润也大幅增加了。但是，第 3 期为了调整和处理第 2 期的库存，大幅削减了生产量，因此产生了大量赤字。

生产数量			第1期		第2期		第3期	
			生产9,000个		生产15,000个		生产3,000个	
		单价	数量	金额	数量	金额	数量	金额
营业额		200	9,000	1,800,000	9,000	1,800,000	9,000	1,800,000
期首库存			0	0	0	0	6,000	660,000
制造成本	变动费用	30	9,000	270,000	15,000	450,000	3,000	90,000
	固定费用			1,200,000		1,200,000		1,200,000
	制造费用合计			1,470,000		1,650,000		1,290,000
	（单品成本）			163		110		430
期末库存			0	0	6,000	660,000	0	0
销售成本				1,470,000		990,000		1,950,000
销售总利润				330,000		810,000		–150,000
销管费	变动费用	5	9,000	45,000	9,000	45,000	9,000	45,000
	固定费用			350,000		350,000		350,000
	销管费用合计			395,000		395,000		395,000
营业利润				–65,000		415,000		–545,000

而且，如果库存增加，下一期就必须进行库存调整。如果一直不停地增加库存，不但会使工厂资金链变短，而且仅库存的保管成本也会是一笔庞大的开销。观察例子中的第 3 期数据可知，调整库存后，会在一时间大幅度地产生赤字。库存的增加只不过是透支未来的利润而已。

像这种减少现金的错误的创造和调整利润的方式，对工厂的可持续发展没有任何意义，这一点请务必铭记于心。

过剩的账端营业额

下面我们从阻碍现金流的视角，谈一下“账端营业额”。账端营业额，即当月记账，但下个月以后收款的营业额。比如：每个月，在出货时，当月已在月末完成了营业额结算，此时（月末）出货的话，订货方收到货就已经是下一个月了，这种情况下，账目就会结转到下个月，即成为了账端营业额。

通常，任何工厂都会发生一些账端营业额，但在那些通过批发商和零售商等进行销售的工厂中，也会出现以账端销售为由在月末将下个月的大部分营业额都加进当月，以确保当月营业额、创造利润的情况。

但是，这种做法跟前文叙述的增加库存一样，会导致现金减少。只要调查工厂每个月的销售速度（每天的营业额递增情况），就会很快发现工厂是不是采取了这种做法。通常，每个月中旬本应该有近 50% 的营业额入账，这类工厂的销售进度极为缓慢，到了月末却会一下子增加销售量。这种创造利润的方式，从现金流经营的观点来看，问题极大。在第 2 章中，向大家介绍了不顾应收账款尚未回收、仍不断进行销售的例子，账端销售与将工厂资金以应收账款的形式闲置在本质上是一样的做法。

以上，向大家展示了增加库存、账端销售等无视现金流以增加利润的经营策略，希望大家深刻认识到这种创造利润的方式是没有任何意义的。经营的根本是现金，如果不能对这种无视现金、只顾提高利润的策略做出任何改善命令和指示，只能说明你没有理解何为经营。

第6章

经营计划的制定

经营的目的是“如何让工厂可持续发展”。

为此，必须准确把握经营环境的变化和现在、将来工厂所面临的经营课题，并在此基础上描绘出事业发展前景/发展蓝图。不是制定目前经营趋势的延长线上的中期计划，而是要制定出真正的战略型的中期计划。需要具体实行的年度计划，也不能仅仅以日常的经营推进管理为基础，而必须制定一个能够贯彻并对工厂有所助力的计划。

在本章中，将围绕中期计划、年度计划的制定方法进行解释说明。

6-1 经营计划的必要性

我们在第 1 章“何谓经营”中曾讲过，经营的目的是“如何让工厂可持续发展”。必须准确把握经营环境的变化和现在、将来工厂所面临的经营课题，并在此基础上描绘出事业发展前景、发展蓝图。为实现这一目标，最根本的是要确保、配置经营资源，切实推进工厂发展蓝图（图 6-1）。

明确这一发展蓝图的就是经营计划。因此，要制定经营计划，首先最重要的就是切实把握经营环境是如何变化的。市场有哪些变化？哪些地区、哪些客户增加、减少了？客户需求发生了什么变化？哪种商品和服务有市场需求？竞争对手有哪些动向和战略？包括 FTA（Free Trade Area）在内的经济圈发生了什么变化？——应该把握的信息涉及方方面面。

必须准确把握自身的经营课题，探讨如何进行改革。为此，最重要的是在考虑到伴随环境变化的目前事业风险的基础上，明确工厂面临着何种经营课题。

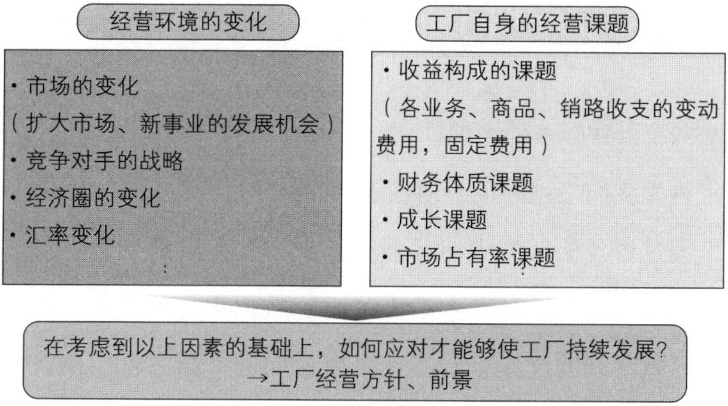

经营领导者必须将这些方针、前景明确传达给员工
在考虑到工厂自身的业务构成和经营环境的基础上，做出业务选择（预测）和将经营资源集中到哪部分的指示。

图 6-1　工厂发展前景的明确化

中期计划和年度计划

经营计划大体分为“中长期计划”和“年度计划”两种。中长期计划明确的是工厂发展前景、为实现这一目标而制定的战略，以及各年度必须完成哪些目标。而年度计划明确的是如何将该年度应处理和实施的事项具体落实。因为中期计划与年度计划存在着如上所述的关系，所以在年度经营计划中，不仅有与前一年的比较，还有与中期计划的比较。

6-2　制定中期计划的步骤

6-2-1　形式较多的中期计划

首先我们来说一说中期计划。

通过看各工厂的中期计划会发现，大多数都只是将目前经营情况的后续发展（未来销售预测）数据进行了汇总。这样的话，这些计划就仅仅是对工厂未来走向的分析数据、期待数据进行总结的“中期预测”罢了，根本谈不上是中期计划。

在经营环境、竞争环境瞬息万变的背景下，仅考虑目前经营状况的趋势是难以维系工厂的持续发展的。因此，要制定真正的中期计划，最重要的是正确理解经营环境的变化，切实把握工厂自身今后的经营课题，并对工厂今后的发展方向做出具体的明确指示。也就是说，在明确表示和反映出经营领导者强大意志的同时，还必须明确给出能将这些方针、前景实现的发展蓝图。

在指明发展何种业务、停止何种业务等目前事业和商品的方向性的同时，还必须明确预定计划和预计实施的事项（图 6-2），包括应该对现有的哪些经营资源进行重点配置才能完成计划，以及如何弥补经营资源的不足［包括 M&A（Mergers and Acquisitions）等］。

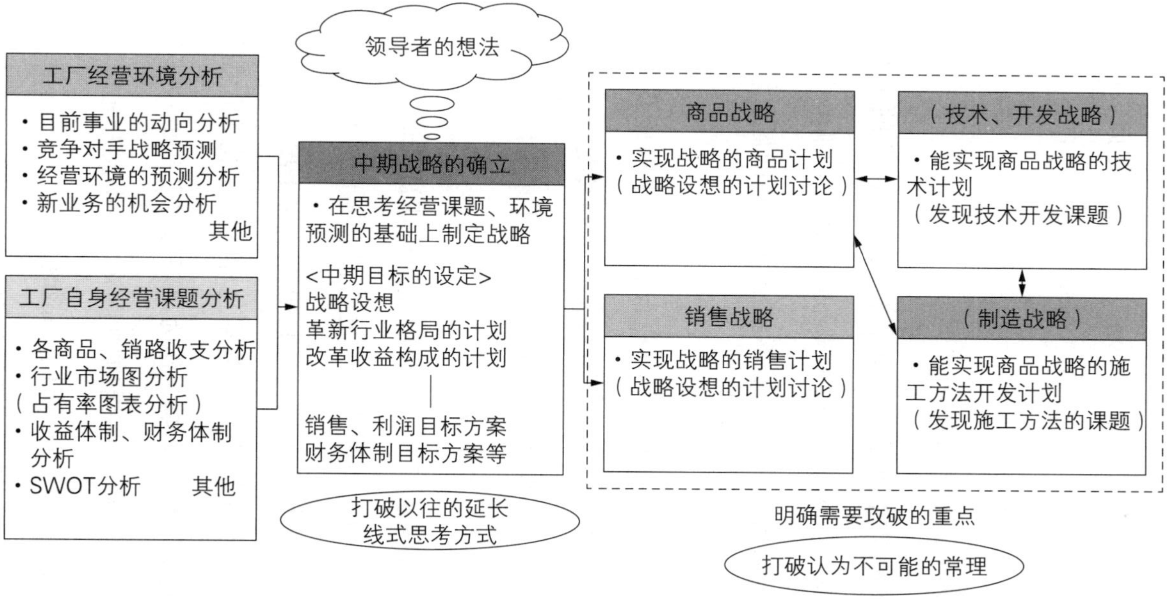

图 6-2　建立中期战略方案的步骤示例

6-2-2 把握工厂自身经营环境

如上所述，在考虑中期计划时，首先要把握工厂自身所处的经营环境正在发生何种变化。下面对在制定中期计划时应该把握的事项做简要叙述。

(1) 把握目前事业的动向

理所当然要把握的一点是，目前正在经营的事业的动向。今后市场需求是否会扩大？哪类市场会成长？哪类市场会缩小？价格动向会如何变化？如果不把握住这些问题，就无法建立战略。

另外，由于行业不同，有些行业的需求构成有可能会在某天突然发生改变。模拟信号到数字信号的转变就使过去的主力商品和业务一下子陷入了穷途末路。由于最近的云数据化的发展，同样的事情会再次发生。

这些变化揭示了工厂自身所处的行业被其他行业吞并的可能性。现有事业有可能某一天突然宣告死亡。不过，这其中也体现出创造新市场的可能性。扎根于文化土壤的事业不会在某一天突然消失，正因为以云数据这样的数字化为代表的变革为工厂生存造成了极大影响，作为战略讨论基础的“工厂现有事业今后该何去何从”这一前瞻性眼光才显得极为重要。

(2) 预测客户、竞争对手的战略

如果是生产和销售零部件和部材等的 BtoB 型业务，把握现有客户的战略将如何变化是构筑工厂自身现有事业战略的关键。如果客户缩小了使用工厂产品的领域和范围，那么如果不开发新客户或是转向新业务领域的话，工厂就会失去未来发展的空间。相反，如果工厂能为客户提供实现客户战略的产品和服务，工厂事业的发展壮大也就指日可待了。

在接触新客户的时候，关键点也是预测目标客户的战略，提出能够实现客户战略的产品和服务方案。也就是说，在 BtoB 型业务中，对客户战略的把握才是讨论工厂自身战略的基石。

另外，如果事业处于与竞争对手相竞争的环境下，还必须预测竞争对手的战略，建立能够与之抗衡的战略。如果做不到这一点，就会被对方打倒。

（3）预测经营环境

各个国家的人工费、通货膨胀成本、汇率动向、缔结了 FTA 的经济圈变化等经营环境的变化，在讨论中期战略时既是风险也是机会。

工厂必须预测对自身经营造成影响的经营环境会如何变化，并制定出能够应对这些变化的中期计划。

6-2-3　工厂自身经营环境的分析方法

在 6-2-2 中，我们举例说明了在了解经营环境时应把握的事项。下面，针对应对哪些事项、如何把握进行具体阐述。

（1）目前事业的动向

对于目前事业的动向，应把握以下两点。

①各业务、商品的不同市场需求动向、价格动向

对各业务和商品按照不同市场、不同类型进行预测。如果是零部件生产厂商，就要把握使用自己工厂零部件的市场动向，并同时预测工厂零部件的需求动向的变化。

要把握的还有：商品向高性能型转换的速度是否加快了，价格是否在大幅降低，在商品的生命周期中工厂自身产品究竟处于何种位置（阶段）等问题。无论是哪种商品，一般而言，都遵循从导入期到成长期、成熟期，最后到衰退期的生命周期变化（图6-3）。在某些发展迅猛的商品领域，这一生命周期会变得非常短暂，如果不能在这期间回收投资，事业就无从建立。虽然由于各工厂业务领域的不同，具体情况也会有所不同，但是对于已经迎来商品生命周期中的成熟期的商品，如果工厂不能衍生出能够建立新生命周期的商品，事业发展就会失去未来。把握工厂目前现有产品正处于生命周期的哪个位置，在对选择何种商品和业务进行讨论的基础上，讨论建立新生命周期商品的开发战略，这一视点非常重要。

●仅靠同一商品难以使事业继续成长、发展
●商品所处生命周期的阶段不同，战略也不同
●进入成熟期后，必须进行建立下一个新生命周期的商品开发

在中期计划中，必须把握目前商品处在生命周期的哪个位置，明确今后的应对之策。

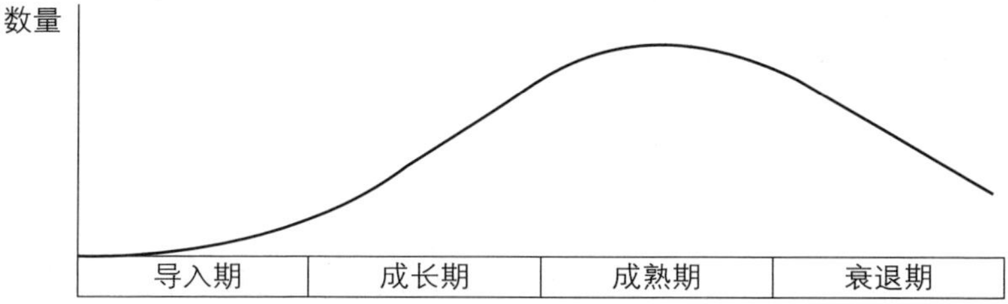

图 6-3　商品生命周期和事业前景的思考方式

②把握相关行业的动向

在某些行业，某一天被其他行业和其他商品突然夺取了市场和业务的情况比比皆是。比如：多年来一直被使用的银盐胶片的照相机一下子就被数码相机取代了，数码相机也被智能手机中的一个功能逐渐取代了。像这样，现有事业由于其他领域的技术进步和方法的出现会逐渐消失。

对于行业动向，如果只关注工厂自有商品的动向而不多方面地观察和分析相关行业情况，就可能造成较大的判断失误。关注和把握相关行业动向和技术动向也非常重要。因此，灵活运用前景预测报告等研究资料也是一个方法。

（2）预测客户、竞争对手战略的方法

对客户和竞争对手的战略进行预测，站在对方工厂的立场出发考虑是根本。换言之，就是假设自己是该工厂的一员，在工厂内部召开战略会议。为此，必须要掌握和了解客户、竞争对手目前事业面临的课题和经营资源。能不能取得这些数据会对预测精确度造成很大影响。具体做法如下面①~④。

①销售构成、利润构成

如果是上市工厂，就能在一定程度上掌握其不同区域和不同市场的营业额、利润的变化。即使不是上市工厂也可以通过信用调查等手段，在一定程度上把握其经营业绩的数据。

只要知道了这些数据，并利用这些数据制作投资组合一览表等，需要扩大的业务、应该整顿/撤出的业务、应该采取补救措施的业务都有哪些就十分明了了。

另外，站在该工厂的立场上进行思考的话，还能知道哪类市场应该进一步扩大。如果你从事的是向客户供应零部件的BtoB型业务，那么还能把握客户的视角（商品、价格、供应战略等）、实现客户的战略。如果是竞争对手，还能知道对方想要在哪些业务上倾注力量。

②不同市场的占有率图表

有了市场占有率等调查资料，就能通过把握市场占有率图的变迁，明确工厂自身在哪些市场和区域比较薄弱，以及应该强化的市场和区域是哪些。如果是 BtoB 业务，能从客户的市场占有率图中把握客户的市场战略，在此基础上探讨如何接触客户。对于竞争对手，如果能以相同的视角分析，就能把握对方的市场战略课题，还能够预测下一步对方会以何种商品进军哪类市场。

③商品开发过程

作为预测客户和竞争对手的下一项商品开发的讨论资料，要将以往的商品开发过程按时间顺序汇总整理。这样就能推断出新产品推出的时间、特征、价格（图 6-4）。

④专利分析

分析客户和竞争对手已提出申请的专利、实用新设计。将分析大致可以归纳为以下两个视角。第一个视角是，整理归纳新发明（先行专利）的信息都有哪些。这是为了了解、掌握对方正在研讨的下一个新产品和创新产品是什么。还有就是提出申请的是单一专利还是多项专利，从这一点能够看出工厂的态度，可以从这些先行专利的内容中预测出下一个商品的开发信息（表 6-1）。

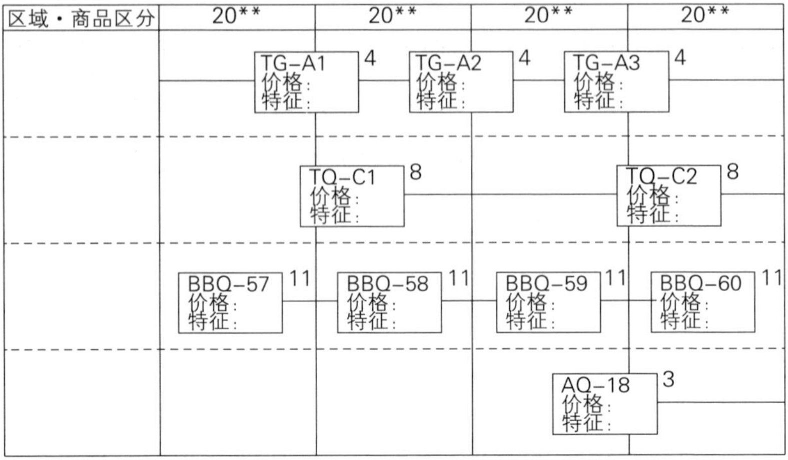

图 6–4　商品开发过程示例

表 6–1　新技术动向分析表

将提出申请的专利内容列成表，研究其他公司的技术动向。

各企业新技术动向　　　　信息提取自20**年专利、实用新设计公开信息

公司名称	申请日期	公开No.	发明名称	发明者	发明内容	专利信息中技术动向的总结
A公司 申请件数 件 发明者人数 人						
B公司 申请件数 件 发明者人数 人						

如果是做 BtoB 业务的工厂，可以从中发掘出客户的开发战略，然后讨论自身工厂应优先采取哪些必要措施。如果是竞争对手，这些信息可以用于预测对方将要进行什么样的产品开发。以此为基础，讨论能够打败对方的产品开发战略。不过，竞争对手的先行专利如果刚好是该领域的关键所在，那么也可以考虑战略性地申请周边专利。这些对于未来的事业开展是极为重要的要素，因此建立一个能够战略性地灵活利用专利信息的体制十分有效。

在对竞争对手的专利进行分析这一点上还有一个视角是，从其专利申请的内容上把握对方的开发体制。这一方法是将申请者的姓名以时间顺序分别按照不同领域和题目进行汇总归纳，以把握哪个领域的开发者被替换掉或者增加了（表 6-2）。这样，因为了解了竞争对手的开发体制和开发能力，就能在某种程度上预测对方未来有可能推出的新产品数量和时间等信息。

将①~④汇总归纳成一览表，就能明确客户和竞争对手的经营课题，大体预测出对方下一步的战略。从目前的业务构成、利润构成考虑，还能把握对方在经营上有必要对哪些业务和哪种商品加大力度，哪种业务和商品应该停止。对于客户和竞争对手会在何时发售何种商品等问题也能够进行大体的预测（表 6-3）。

表 6-2　竞争对手公司的开发能力和技术动向汇总表

各公司开发能力、技术动向汇总

		A公司			B公司			C公司		
开发人员										
其中**的开发人员										
开发机种数量		20**年	20**年	20**年	20**年	20**年	20**年	20**年	20**年	20**年
	合计									
	A型									
	B型									
	C型									
每种机型的开发人员	全体									
	A型									
	B型									
	C型									
新产品采用的已申请专利的内容										
目前的开发体制										
从提出申请专利到可预测的新产品和新功能										
从开发体制、以往的专利内容在新产品中的应用情况等可以判断的未来的商品开发内容										

表 6-3　客户、其他公司的战略讨论表

记录可想到的客户和竞争对手公司的课题及战略，把握整体情况。

	A公司	B公司	C公司
从其收益构成、业务构成可想到的课题和战略			
从市场占有率图可想到的课题和市场战略			
从其产品、技术动向可想到的产品开发战略			
其他能想到的课题和战略（制造除外）			

●通过能想到的顾客战略，明确企业自身应采取对策的重要事项

●从其他公司的战略中分析和明确企业自身应重点注意的事情，明确其他公司会在什么时间、采取什么举动，可以按照年度分别制作预测表

像这样，站在客户和竞争对手的立场上，预测其经营战略，并探讨应该如何应对，是讨论中期战略时的要点之一。

比如：商品开发计划。如果只对比、讨论现有的竞争商品，即使想出了能够战胜对方商品的优势商品，其他公司也同样会再推出更先进的商品。这样一来，自己的商品就无法胜出。所以重要的是，预测其他公司未来可能推出的商品，思考能够打败该商品的开发方案。同样，如果能够预测客户的战略，率先提出能够帮客户实现其方案的产品提案，就一定能够提高工厂自身的市场占有率。

（3）预测经营环境

明确给经营带来冲击的事项，并获得这些预测数值的一手

资料是一般的做法。比如：围绕各国的人工费的动向、通货膨胀成本的动向、长期的原材料供需动向、对工厂自身的经营有影响的事项进行调查，收集数据。与自己预测相比，适当利用和收集各种专业机构发布的数据更有效。

收集这些数据的目的是，在把握由于经营环境变化而产生的经营风险的同时，抓住商机。比如：如果推进各国之间 FTA 契约的缔结，就会使经济圈发生变化，也就有必要对市场战略和供给据点战略做出改变。相反，如果能有效地利用这些数据，就能使事业得到飞跃发展的机会。

另外，在人工费和通货膨胀成本的上升比较剧烈的据点，仅靠优化、合理化管理难以吸收掉这些成本升高的部分，成本力的急剧下降不可避免。如果价格竞争激化，即使目前产生了巨额利润，也可能立即转为赤字。当然，这些据点的业务也变得难以为继，而必须给出新的发展方向。

像这样，在中期计划中，必须正确处理由于经营环境的变化产生的风险和机会，明确今后工厂将如何发展。

6-2-4　分析工厂自身的事业课题

在分析经营环境的同时，更重要的是分析工厂自身的事业课题。经营者必须以现在的事业课题为基础，明确应如何变革业务构成和利润构成，然后将这些内容纳入中期计划中。

比如：伴随着海外生产更新换代的加速，每家工厂都会讨论对于国内子公司的收益恶化情况应该怎么办吧。同样，考虑到中国等国家人工费用的高涨，中国据点的利润恶化该如何应对？由于价格竞争的激化被迫转移、撤出据点的业务该何去何从？这些问题都是中期计划的讨论事项。只有明确了工厂自身事业课题，才能对中期战略进行讨论。

（1）不同据点、不同业务、不同商品、不同销路的收支和现金流分析

在分析目前工厂自身的事业课题时，重点是把握各不同业务、商品、销路分别都能产生多少现金。根据这一分析，甄选出应停止的业务、应扩大的业务，以及应取消的商品和客户。

如果，该业务的自由现金流连年为负数，应该怎么办呢？该项业务越是继续下去现金流失越严重，成了名副其实的花钱如流水的业务。虽然也有些商品和销路的自由现金流难以计算，但至少要注意观察作为营业现金流根本的利润变化，这是判断商品是应该扩大生产还是应该重整/终止的关键。

在具体调查不同商品和不同销路的营业额及利润如何变化时，应从第 5 章中讲过的“营业额和边际利润图”的制作开始，展开讨论（表 6-4）。如第 5 章所述，查看图表后，如果发现边际利润为负的商品和客户，就可以做出必须立即停止销售或者大幅提高价格的判断。相对于营业额的构成比，对于边际利润额的构成比更高的商品和客户，有必要积极探讨扩大业务的策略。

表 6-4　收益构成分析表

收益构成分析表

单位：日元

商品区分	产品编号	20**年度					20**年度					20**年度				
		销售额	构成比%	边际利润额	边际利润率%	构成比%	销售额	构成比%	边际利润额	边际利润率%	构成比%	销售额	构成比%	边际利润额	边际利润率%	构成比%
合计			100.0			100.0		100.0			100.0		100.0			100.0

在对业务和商品等进行定位时，如果能如图 6-5 所示，制作一览表的话，会更简单易懂。这个一览表的纵轴代表营业额的成长率（销售增长率），横轴代表利润率，销售规模用圆形的大小来表示，这是一个表示收益性的投资组合一览表。左下象限中的业务，即被评价为“败家之犬”的项目，说明营业额少，无法确保利润的获得，应考虑撤出的业务、商品；左上象限的业务被评价为“问题儿”，说明是具有一定成长性但利润率低，如何提高其收益性使其成长为右上象限的“明星业务”是工厂面临的课题；被称为“摇钱树”的右下象限的业务、商品虽然没有成长性，但每年都能获得稳定的高利润率。

在分析中，还经常使用的是项目/投资组合/管理（PPM）一览表。在 PPM 表中，一般纵轴代表增长率，横轴代表市场占有率等，但也可以根据具体目的改变横纵轴的指代。通过使用这样的图表，可以对业务的定位一目了然。

另一个非常重要的点是，观察这些业务和商品的定位是如何按照时间顺序变化的。如图 6-6 所示，观察各项业务是如何变迁的，还能弄清楚其变化与该商品、业务的生命周期之间的关系。

观察这些营业额和边际利润图，及各项业务的定位随着时间推移是如何变迁的，就能搞清楚哪些业务应该撤退，哪些业务需要确定今后的发展方向，哪些业务应战略性地重点实施等。作为参考，请参看图 6-7 所示的通过边际利润表进行探讨分析的例子。

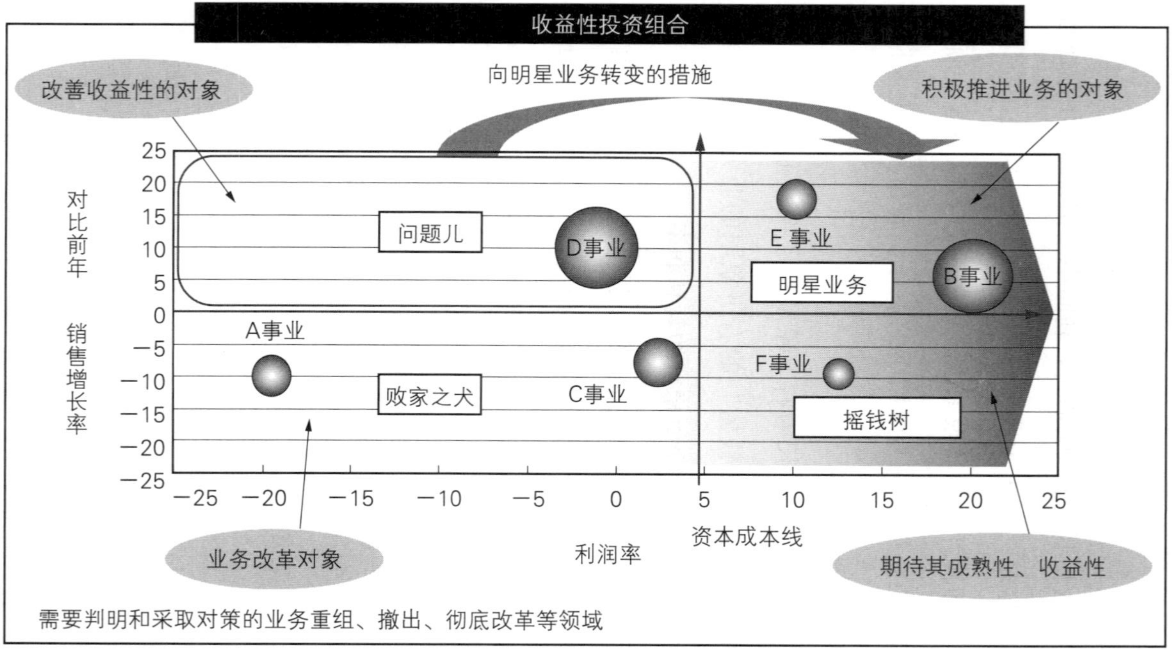

图 6–5　通过收益性和成长性分析各业务的定位

通过收益和成长性汇总，整理业务的实际情况。圆形的大小表示销售额的大小。

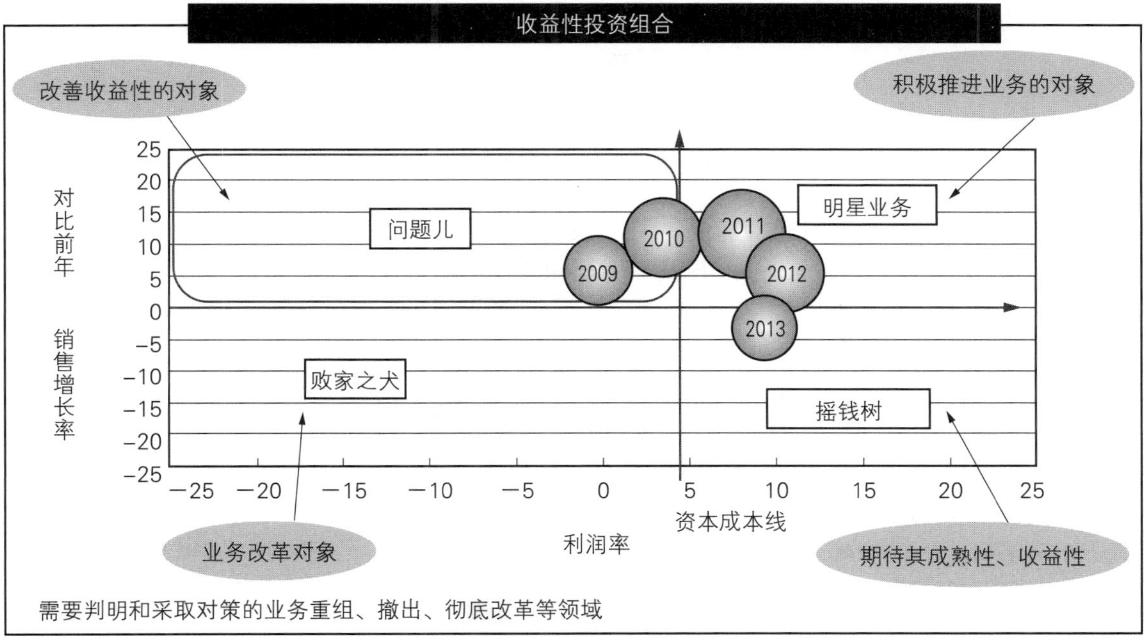

图 6-6 分析各项业务随时间推移的定位变化

确认商品的生命周期和业务的定位。

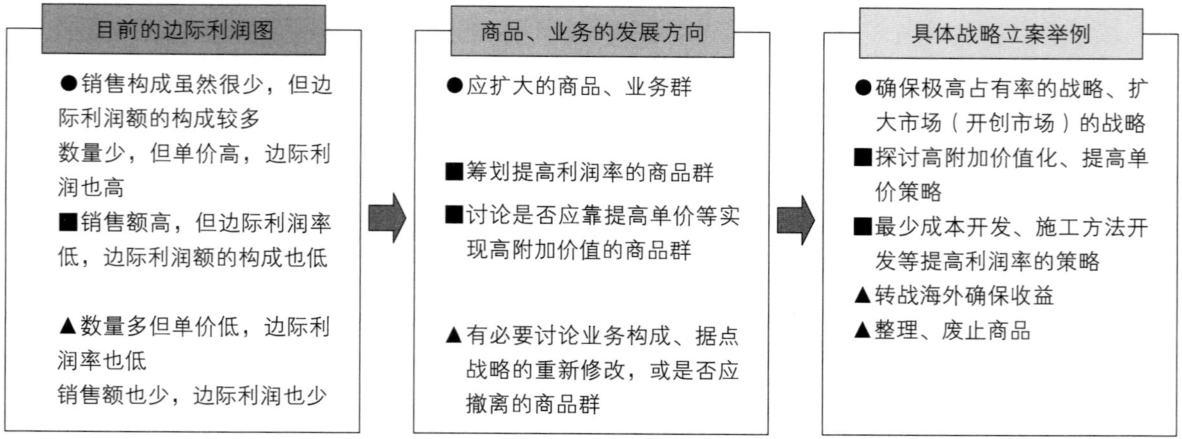

图 6-7　通过边际利润图进行探讨的事项例

（2）行业市场概况分析

只要掌握了工厂自身的不同产品、不同业务、不同销路的收益性，接下来就能确定自身在市场中所处的位置了。通过了解工厂自身在不同市场、不同商品上的市场占有率变化，探讨工厂应该瞄准哪类市场和哪个地区/领域。图 6-8 表示的是工厂在各个地区的市场占有率图表的示例。纵轴代表该地域及范围等市场构成的大小，横轴代表占有率。换言之，图中有色部分的面积代表的是在整体市场中的占有率，这样就能一目了然地看出工厂在哪个地区有多大的市场占有率了。

如果能够得到竞争对手的数据，并在该图表中用不同颜色表示出来，就能把握哪家厂商在哪个地区的市场占有率是多少、是否有所增长等。

比如：从探讨经营战略的视角来看，我们着眼于纵轴的销售构成比扩大的市场。这些都是正在成长的市场，对于这样的市场，我们应讨论可以一举扩大占有率的商品和价格战略。另外，还有一种战略是，对于其他公司尚未进入，且具有一定规模的市场空隙，力争 100%的市场占有率。一边观察市场占有率图表，一边考虑如何改变这张图的布局，是经营战略讨论中的要点。

市场图（按顾客所在地进行区分）示例

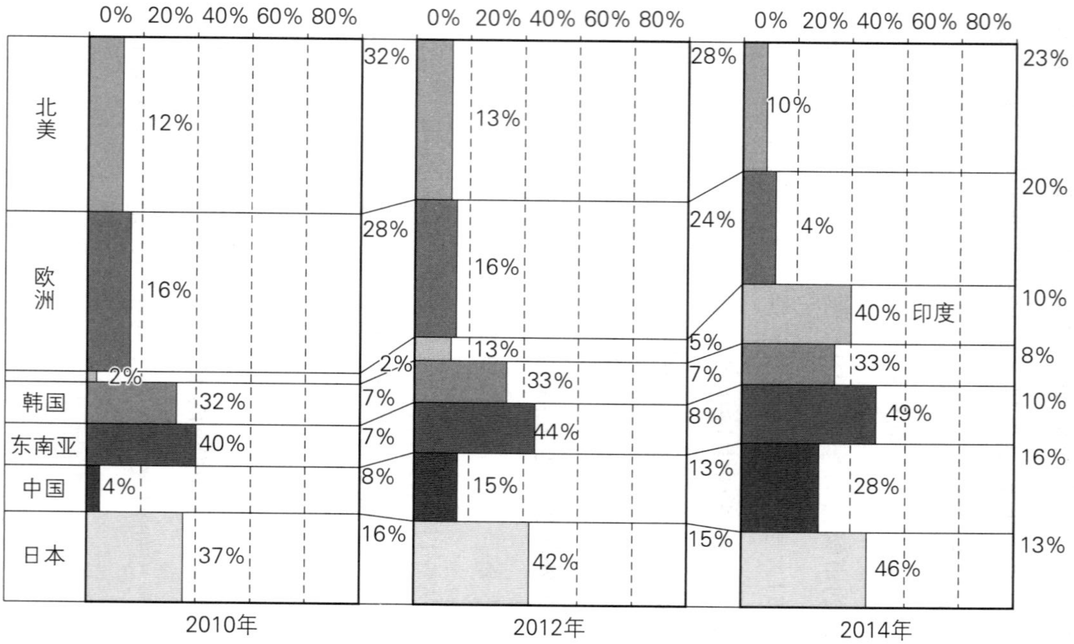

图 6-8　不同顾客所在地的市场占有率图

在哪类市场和区域能够获得多少占有率一目了然，因此易于工厂把握应瞄准的市场和区域。在本图中，图表的横轴表示各个市场的占有率，纵轴的高度表示不同地域的销售额构成比。

（3）其他业务课题的整理

除了收益性和市场定位以外，还应该整理、总结财务体制的课题、技术课题（包括开发体制）、人才问题等。要想整理、总结这些课题，SWOT分析法十分有效。这一分析方法为人所熟知，但有很多案例并没有进行有效的分析，所以笔者想请各位读者参考以下的分析方法。

6-2-5　SWOT分析

SWOT分析是基于工厂自身的优势（Strength）、劣势（Weakness）两个内部要因和外部环境带来的机会（Opportunity）、威胁（Threat）两个外部要因建立工厂经营战略的分析方法。其实就是用来确定工厂自身的内部资源和外部环境具体状况的工具（表6-5）。

表6-5　SWOT分析

内部要因	外部要因
<优势>（Strength）	<机会>（Opportunity）
<劣势>（Weakness）	<威胁>（Threat）

在讨论经营战略时，如果成长机会在某个领域创造了工厂自身的优势，则工厂就有了谋求事业和扩大收益的可能。根据SWOT分析，首先需要整理总结出工厂自身优势、劣势，外部环境带来的机会、威胁。

但SWOT分析不能杂乱无章地进行，而要分成不同业务、不同商品、不同销路等分别进行整理和总结，这样才易于得出更为具体的战略。在总结、提炼工厂优势/劣势时，不能只看技术、销售网络、品牌力、制造技术能力、成本力、服务能力、布局条件、资金力、人才等占有率高、利润率高等表示结果的指标，而应明确地记录实现了这些结果的能力的本质（工厂自身经营资源的内容），这才是重点。

同样，对于外部环境带来的机会、威胁，应总结工厂自身所处环境以及与工厂自身相关的外部环境，如：需求动向、销售渠道动向、客户需求动向、市场、社会倾向、经济环境、FTA动向、税率动向等。

对 SWOT 分析进行讨论

将SWOT分析用内部要因和外部要因做成的矩阵来表示，就能够明确工厂应该做些什么（图6-9）。

特别是外部要因的机会和工厂自身的优势相交叉的象限，可以说是能够预见工厂事业扩大机会的区域。对这一区域，重要的是采取彻底的进攻态势，谋求能令工厂事业发展的机会。

除此之外的象限，可如图 6-9 所示的那样进行讨论。外部环境的威胁和工厂自身劣势相交叉的象限是可考虑撤退/整顿的区域。实际上在推进工厂经营时，应时刻明确需要停止的业务和需要扩张的业务，对于需要扩张的业务重点投入经营资源。同时明确哪些业务需要停止。像这样用交叉的方式灵活地利用 SWOT 分析，是在探讨工厂应采取的经营战略时非常有效的方法。

			内部要因	
			优势（S）	劣势（W）
			记录企业自身的优势	记录企业自身的劣势
外部要因	机会（O）	记录在事业环境中发现的机会	事业扩大的机会要素	事业构成/收益构成通过重新修改进行重建
	威胁（T）	记录在事业环境中受到的威胁	克服威胁的战略讨论	讨论撤退

图 6-9　通过 SWOT 分析进行战略讨论

将 SWOT 用内部要因和外部要因做成的矩阵进行分析，就可看出各项业务应如何处理。

6-2-6 中期计划的明确化

如上所述，明确了工厂自身所处的经营环境、工厂自身的事业课题后，还必须明确给出今后事业的发展方向和姿态。也就是说，明确展示出工厂的未来形象。

当然，中期计划的建立必须考虑经营理念。在此基础上，再探讨能够实现这一理念的具体战略。另外，在讨论经营战略时，重要的是明确目前现有事业的 PPM 表应如何改变等方针。同时给出想要达成的具体目标数值，这样就可以使对经营战略思维的探讨成为可能。

摆脱延长线思维

正如我们在讲述中期计划的制定内容时提到的那样，纵观各公司中期计划，仅对目前经营的延长线（未来经营趋势预测）的数字进行总结归纳的例子非常多。这是因为那些中期计划只是目前事业的积累。所以，从这些计划中看不出“想要这样做”“想要变成这样”的意志和姿态，这是最大的问题。换言之，中期计划并没有明确目标。

工厂应采取的姿态和设定的目标没有明确，所以为实现这一目标应采取措施的重点也无法明确，结果导致中期计划流于形式，仅体现了现有事业的延长线（未来趋势）。在这期间，一旦竞争环境发生改变，中期计划终将无法实施。

描绘出十年后的前景

为摆脱这种延长线思维，笔者想向大家介绍如下方法。

首先，先讨论工厂十年后的理想状态、应有的状态。如果眼光只局限在近几年的话，容易导致仅以目前的业务和经营数据为基础，讨论各业务会如何变化。为打破这一定势思维，就要去考虑十年后这一略显遥远的未来。如果有十年时光，那么就易于描绘出“想成长为营业额是如今的三倍、利润率也超过10%的高收益工厂”等梦想。另外，还能明确未来工厂应采取的姿态，即在明确了应以哪项业务为核心扩大经营的方针的同时，基于事业环境的变化，按照前文介绍的 SWOT 矩阵图捕捉新的事业机会，大力扶植能产生工厂优势的新业务。

首先，先通过展望十年后前景的方法来明确“工厂的理想状态”“应采取的姿态”，然后再探讨为实现这一梦想必须采取的措施。

试着用两倍、三倍思维进行探讨

摆脱延长线思维的另一个方法是试着用两倍、三倍思维考虑问题。比如：如果工厂在某市场和领域产生了自己的优势，那么就以“要想使我们在该领域的占有率一举提高三倍，应该怎么做？要想获得100%的市场份额，该怎么办？”为出发点探讨战略。

如果按目前经营的延长线的思维方式，则容易产生将市场占有率每年提高1%这样的想法。这样一来，鉴于其他公司也在采取同样措施提高市场占有率，那么如果想保持住现有的市场占有率都需要竭尽全力，占有率获得飞跃式的提升就更无从谈起了。

但是，如果下决心要将市场占有率提高三倍的话，因为目前的经营延续难以实现，自然就需要提出开发想法大胆的新产品和价格降低一半的商品等必要的战略性措施。只怀着“制造成本降低5%”这种程度的想法是无法打破旧有的局限的，而如果下定决心削减30%或50%的话，就能以打破以往常识的想法创造设计方案，产生新的开发课题。

也就是说，不要拘泥于眼前的经营趋势，而要放眼未来，找到为从中跳跃出来应采取的手段。

打破“做不到的常识”

不过，在以这种思维方式出发得出的方案之中，有很多都被“做不到的常识”阻碍了。如果能够将这些方案实现，营业额就能获得三倍的增长，但实际上，一定会有人提出“不可能做出这样的商品”等负面意见。

在为实现中期计划而努力之际，如何才能打破这种做不到的常识是关键所在。为实现这一点，最重要的是如何确保和配置经营资源。

当然，像前文提到的一样，如果着眼于十年后的工厂形象，以将营业额提高两倍、三倍为出发点展开战略讨论的话，那么对技术收购和 M&A 等议案的探讨就会逆流而上。而且也许还会出现更大的难度。但是，只有跨越了这些障碍，工厂才能实现巨大的飞跃。

越是经验丰富的老手，越会不知不觉地形成这也不成、那也不行等“做不到的常识”，难以大胆地思考。正是在这种时刻，才更应该否定现状，从零开始进行思考。这样一来，以往做不到的事情能够得以实现，进而使事业获得大幅成长、扩大。

话虽如此，但最大的问题是，为实现这一理想，该如何克服所有应该克服的问题点呢？首先，必须具体地总结、整理出为实现目标应该克服的课题、如何克服这些课题的着眼点、实现目标的手段，探讨能够跨越这些障碍的具体对策。制定出具体应如何实现目标的“剧本”非常重要（表 6-6）。当然，为此必须要明确和配置好经营资源。

表 6-6　战略实现条件总结表

通过总结整理实现的课题、着眼点、关键点、手段、经营资源等，可以制定出具有实际作用的计划。

战略实现条件总结表

<table>
<tr><td>实现战略的要点</td><td colspan="4"></td></tr>
<tr><td>为实现目标应克服的课题</td><td>克服课题的着眼点</td><td>关键点</td><td>实现目标的手段</td><td>必要的经营资源</td></tr>
<tr><td rowspan="3"></td><td></td><td></td><td></td><td>人员：
资金：
其他：</td></tr>
<tr><td></td><td></td><td></td><td>人员：
资金：
其他：</td></tr>
<tr><td></td><td></td><td></td><td>人员：
资金：
其他：</td></tr>
<tr><td rowspan="3"></td><td></td><td></td><td></td><td>人员：
资金：
其他：</td></tr>
<tr><td></td><td></td><td></td><td>人员：
资金：
其他：</td></tr>
<tr><td></td><td></td><td></td><td>人员：
资金：
其他：</td></tr>
</table>

变不可能为可能

说点题外话，在笔者所属的咨询公司，有一个如图 6-10 所示的成本开发方案（计划表）。虽然商品不同具体情况也不同，但只要使用这一研究方法，就能实现多则 50%，少则 20%的成本削减。将客户要求的事项按照不同功能进行整理，其中有以成本开发目标的分配、超过 270 个机会损失视角等为基础的思维方法，进而能够得出很多成本开发课题。将这些课题总结归纳，以最小成本草案为基础，探讨实现的可能性。在实现这一目标的过程中，会遇到一些被认为无法实现的课题，为了克服

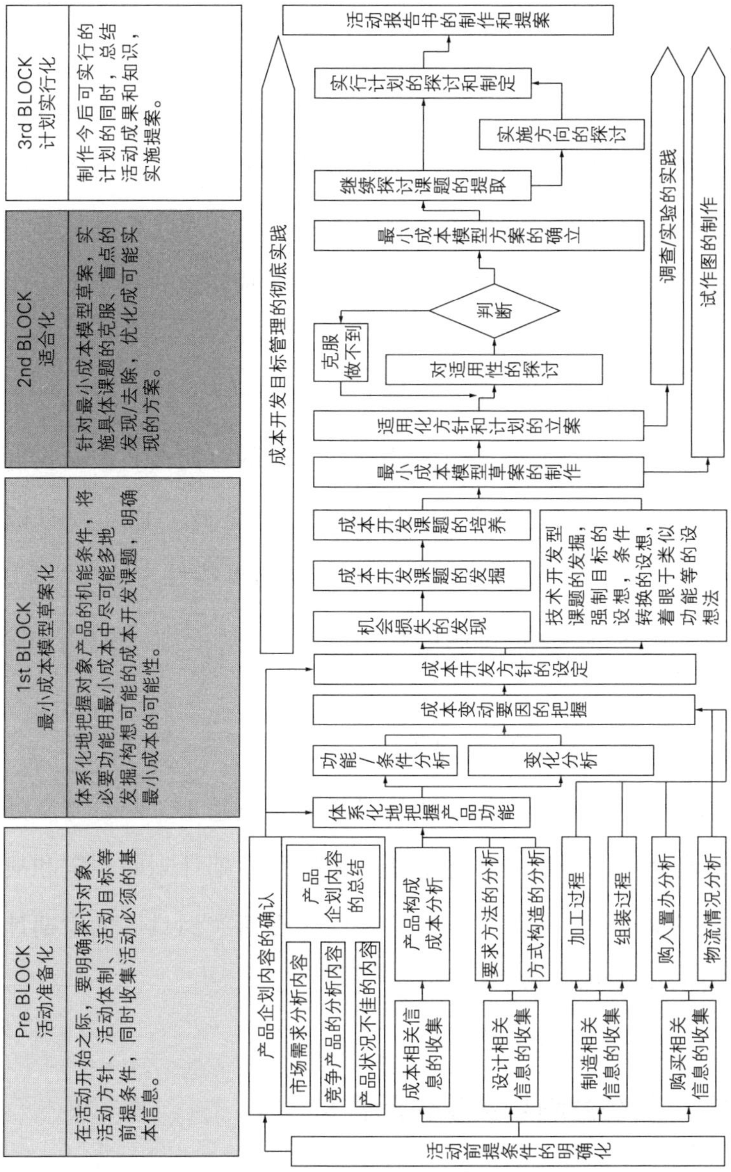

图 6-10　最小成本开发流程

这些做不到的课题，运用发散思维法使这些遇阻的成本开发课题得以复活，从而实现成本的大幅降低。

实际上，根据这个最小成本开发的方案，有曾成功地将以往由于价格过高而滞销的最高级别样品价格一下子降至客户可以购买的价格范围内的例子。例子中的工厂也因此获得了商品附加价值最高区域约100%的市场占有率，成功地获得了飞跃性的成长。

像这样，即使在不知不觉间工厂内部“做不到的常识”蔓延了，也可以通过改变探讨方法创造攻破的可能性。正如我再三强调的，重要的是不采用以往的延长线思维，而是要打破“做不到的常识”，下决心以发散思维探讨可能性。这样一来，就能描绘出实现飞跃的具体脚本。

6-2-7 具体的中期计划的制定

以上内容阐述了在制定中期计划时，应基于工厂自身所处的经营环境分析、事业课题分析，来进行中期计划的制定和战略展望的必要性。下面将针对这些问题在落实到具体的中期计划中时的注意事项进行阐述。

“画饼”和经营趋势数字毫无意义

在制定中期计划时，首先需要注意的一点就是，仅靠“画饼”是毫无意义的。相反，只写出如前文所述的能够实现的目前经营趋势的预测数字，对中期计划的制定也是毫无意义的。

中期计划最重要的是为了实现工厂愿景，将具体战略落实到具体的日程中，明确实行的具体脚本，即为实现目标需要在什么时机实施什么举措。同时，为实现目标愿景，必须要对经营资源进行确保和合理配置，并在推进体制的同时落实具体流程。基于这些战略要素的具体实行流程，就能进行营业额和利润，以及投资计划和资金计划的探讨了。

同时，速度也是一个必要因素。这是因为，在当今市场竞争如此激烈的环境中，很多情况下，如何才能尽早实现目标决定了战略能否成功，速度是工厂能否获得飞跃性成长的决定性要素。

然而，我们经常会发现一些到了后半期，营业额和利润才急剧上升的“曲棍球棒型”计划。这种中期计划大多数情况下都是将应实施的具体事项往后拖，先完成目前能实现的数字，所以不能算是从正面采取措施实现中期愿景的计划。实际上，如果这种中期计划拖延至第二年，会使同样的情况再次重演，重复曲棍球棒型的计划，这样的话就只是将战略要素的实现往后拖而已。

为了避免沦为这样的计划，应如前文所述的那样，为达成中期愿景、实现战略目标，具体地探讨何时应对哪些问题采取何种措施。

实际上，在尝试落实中期计划的目标数字时就会发现，很多情况下会导致费用和投资金额的大幅上涨。

虽说这是理所当然的事，但只要确定了要大力扶植的事业，就要在上面重点投入有限的经营资源，因为这样的战略要求，对于需要撤出的业务立即做出终止的决策就变得非常重要。毕竟在有限的经营资源中，是无法面面俱到，实行所有计划的。

所以，在探讨中期计划的目标数字时，最重要的是明确优先顺序，决定在哪些方面使用资金、配置人员，规定出费用和资金等资源的可使用范围。实际上，只要能够建立这样的计划，中期愿景的实现就会成为可能。

6-3 关于年度计划的制定

接下来，我们说一说年度计划（也称为事业计划、年度预算等，各公司的叫法不同，在此统称为年度计划）。

年度经营计划就是中期计划中，具体的每个年度的实行计划。年度计划必须成为日常的经营推进管理的基础，且必须是支援和保证各部门计划得以落实的实行计划。

6-3-1　年度计划的制定流程

年度计划应按图 6-11 所示的步骤来制定。

首先应该做的是，依照中期计划，验证上一年度的计划完成情况，在确定经营实际业绩的同时，根据上一年度到本年度的经营环境变化，明确业务推进时应反省和应注意的地方，并在此基础上确定本年度的年度计划的制定方针。

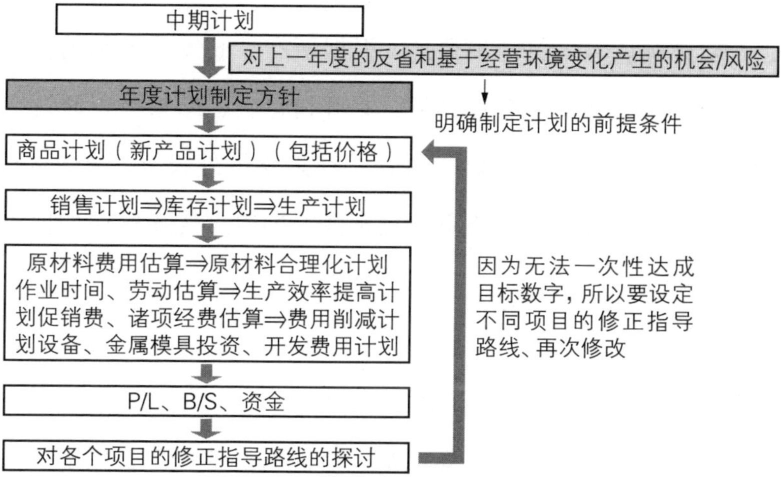

图 6-11　年度计划的制定流程

然后在此基础上按顺序制定商品计划。如果没有商品计划就无法制定销售计划，没有销售计划就无法制定筹备计划和生产计划。不过，计划的制定也有顺序。预先明确给出该顺序和制定流程非常重要（参照书后“年度计划制定讨论表”式样举例中的“制定项目和流程表示例”）。

另外，对于关键事项，一边确认各个步骤、一边推进很重要。比如：销售计划、开发费用计划、投资计划是基于商品开发计划制定的，因此商品开发计划必须在考虑到竞争对手的动向和客户战略的基础上进行探讨。另外，生产车间的运作计划、投资计划是基于销售计划制定的，因此销售计划的建立和推进是否合适，需要在各个步骤中一边确认一边推进。

具体确认时的关键步骤是，根据新产品开发计划和销售计划、整体收支和资金合计结果，召开讨论会、结果修正研讨会等。另外，关于投资计划的内容，有必要另外设立一个场合，对是否是真正有必要的投资、投资能否回收、优先顺序如何等问题进行讨论。

6-3-2　年度计划的制定方针

在制定方针时，不要忘记基于目前的事业课题，将应解决的事项、由经营环境变化可预见的应处理的事项纳入制定方针中。

设想风险

比如：根据业务构造、不同商品、不同销路的收益构造，预先明确应撤出的业务和商品。还要明确要积极扩大的业务和商品。这些应解决的事项会体现在利润方面，且根据营业额构成和边际利润图等确定方向。

基于经营环境的变化，将可设想的经营风险纳入制定方针中，这一点也很重要。比如：根据市场价格动向，可设想工厂会面临由于客户提出降价要求和竞争对手的价格竞争而做出降低售价等经营风险。如果是零部件生产厂商，还可能由于客户的生产转移到海外、库存调整导致订货量减少。另外，虽然目前有些原材料是无偿提供的，但如果客户需要海外投资等资金，也可能会变为有偿提供。

这些风险都会对年度销售计划、利润计划、资金计划造成巨大影响，因此，事先将这些可设想到的风险纳入年度计划中非常重要。也就是说，设想可能的风险是年度计划的制定条件。

6-3-3　计划制定的指导路线

年度计划应按照各部门负责的领域分别进行制作。在建立现实计划时，明确给出制定计划的指导路线，在某种程度上十分有效。基于中期计划，围绕为实现利润和资金计划而必须实施的事项，规划出基本框架，这样一来，还能够从侧面防止各部门间出现较大的计划差异，或是原本应重点处理的事项被轻视、忽略。

具体的计划制定指导路线示例如图 6-12 所示。比如：在资金配置方面，库存作为利润之外的资金构成，可考虑进行削减。因为削减库存可直接产生现金。另外，明确投资范围、给出投资现金流的指导路线，能使制定出的计划确保一定程度的自由现金流。至于利润方面，在探讨利润构成时，给出基本范围和框架会很有效。

（根据资金构成得出的指导路线）
- 对库存以比上一年度削减20%为目标进行探讨。
- 设备投资以上一年的折旧费额度作为范围进行探讨。

（根据利润构成得出的指导路线）
- 对于原材料费用的合理化，原材料价格上涨的部分另当别论，应以达成原材料费用3%以上的优化为目标进行讨论。
- 对于边际利润率未达到10%的机种，应明确其今后的处理方向。
- 关于诸项经费，应以上一年度实际业绩为基础，探讨如何将各项费用削减5%。
  不过，对于交际费用、会议费用，应以比上一年度减半为基准进行讨论。
- 关于直接劳务费，涨薪部分另当别论，通过提高生产效率，探讨将直接劳务费削减3%以上。
  另外，新增的内部制造营收部分不计在内。
- 关于间接部门，仅在方针所示战略的领域进行人员增加。另外，对于其他部门，在讨论通过业务重整来削减劳务费用的同时，因退休而使人员自然减少、有必要补充人员的部门，应事先同人事部门进行协商。
- 关于加班，应探讨通过业务重整削减20%的加班费用。

图 6–12　年度计划制定的指导路线示例

6–3–4　商品计划的制定

在制定商品计划时，在通过分析市场动向、占有率图明确要获取哪个市场的同时，还要在预测竞争对手下一年度的新产品和商品的推出的基础上，明确能够战胜对手的计划（预测方法按中期计划的制定中所示的方法进行）。再具体点来说就是，在商品计划讨论会上，提出市场预测（不同市场的需求预测、市场构成预测等）和竞争对手的商品预测，明确针对这种情况应获取哪个市场，然后制作、确定工厂自身的商品计划方案。该商品计划不仅能作为获取各个市场占有率计划的基础，还能成为展开事业的基础。在中期计划中，战略商品的实现即是计划实现的要点的案例也很多。能实现工厂飞跃性成长的商品计划和支援、保证该计划实现的方案真的很重要。

6-3-5　销售计划的制定

销售计划虽然因销售形态和市场的不同而有所变化，但重要的一点是，明确建立占有率计划（不同市场、不同销路、不同客户、不同地域等）及新客户/新销路的开拓计划（交易条件、时期、预定交货商品等），制定出能够支援和保证销售计划的计划。

同样，对于现有客户和现有销路，必须要在预测下一期竞争环境的基础上，明确如何谋求扩大市场和占有率、落实到具体的销售计划中。最后，总结和整理按照不同商品、不同客户分别总结销售计划。

6-3-6　生产计划的制定

在制定生产计划时，必须要做的是，首先明确库存削减计划。比如：对库存临界点的库存基准和订货周期进行修正，采用新的 cock 方式和 VMI 交易等，明确如何压缩库存。同时，还要明确库存天数能够削减到多少的指标。

生产计划就是在这一库存削减计划和前文所述的销售计划的基础上，针对所有内部制造的产品（成品、零部件）而制定的。另外，直接劳务费是根据生产计划算出必要的作业时间（工时）后计算得出的。把握设备和不同生产线的劳动率，劳动率低的话，就必须进行对产品内/外部制造的重新区分，如有没有能够使用该设备进行内部制造的零部件、产品等，即针对附加价值的获取进行讨论。在进行这一内、外部制造的区分时，讨论的原则是从效果较好的产品开始选取。另外，对于转为内部制造后能使生产周期缩短的效果较为明显的制品，可考虑转为内部生产。因为，生产周期长则市场应变力差，还会成为库存增加的原因。

像这样的举措，还会影响到合作的外包公司，所以必须要认真确认。相反，对于那种生产能力较差的外包公司，也有必要讨论是否继续与其合作下去。在讨论这一问题时，无非是讨论工厂自身的外包政策。工厂合作的外包公司较多，说明相应地要支付出去的手续费等也会变多。外包公司数量多，相应地发票数量也会增加，因此，处理事务的作业时间也会增多。当然，对外包公司的品质监察等的业务也会增加，管理作业时间也会增多。

另一方面，从多处据点筹备原材料的方式，有能够规避地震灾害、洪水、暴动等各种风险的好处。不过，在风险应对策略十分完备的情况下，还是应该探讨将外包公司的数量进行精简，仅保留有能力根据工厂自身的生产状况进行应对的外包公司。

6-3-7　原材料费用计划的制定

给不同编号的产品分别建立了生产计划之后，就可以据此制定原材料费用计划（包括外包生产的费用）。关于原材料费用，必须明确合理化的计划，因此最重要的是必须首先明确计划制定的基础——原材料费用在何时、使用何物时产生，然后才能开始制定。

比如：假设期首自 4 月份开始，那么大概在 12 月末左右可以开始制定下一年度的计划。因此，原材料费用计划就用 12 月的实际使用费用进行计算，这样的话，就确定了使用哪个数字作为基准。对于新产品，就将其与类似产品不同的改变之处列成清单，从中设想原材料费用并计算得出。

以此为基础，制定原材料费用的合理化计划。如果以 12 月实际业绩为基准，则到期首的 4 月份之前，仍可预见会继续推进合理化，所以应将这一点也纳入计划中。作为原材料费用合理化的具体对策，应分为：设计变更的合理化、购买部门的合理化、制造部门的成品率提高、内部制造的合理化，分别按照不同产品编号，明确从何时开始进行了多少合理化措施、单位面积内产生了多大效果。另外，这里所说的“从何时开始”是指现实中以往的所有库存都消除之后。应依据前文所述的库存天数计算得出。

另外，也别忘记对下一期的原材料价格的变动进行预测，并将之纳入计划中。因此，计划书如果能将原材料费用计算得出的基准原材料费用+合理化+原材料价格变动，分开进行记载，则更易于在每个月的决算讨论时把握计划的差异。

6-3-8 作业时间的估算和年度工作日历

基于每个月的生产计划，估算每个月必要的直接作业时间。此时必须要明确用什么来作为作业时间的计算基准（比如：与原材料费用的示例相同，使用 12 月的各编号产品的实际作业时间等）。提高生产效率的实施计划在以这一基准为基础进行制定的同时，还成为了直接劳务费的计算基础。另外，使用目前的标准作业时间制定计划的时候，重点是把握最近的劳动效率（标准作业时间和实际作业时间的比），根据实际情况制定作业时间计划。

接下来，根据每月的生产计划，将各编号产品的必要作业时间相乘后合计，即可计算得出每个月的必要作业时间。然后根据在编人员和劳动天数，计算得出不足的作业时间，要想彻底消除不足作业时间的增减，只要根据每个月的必要作业时间，建立劳动天数计划（年度工作日历）即可。也就是说，在生产高峰期尽可能地增加劳动日，生产量少的月份则增加休息日，这样能够更容易应对生产方面的季节性变化。

不过，年度工作日历也必须要获得从业人员的理解，需要在休息日较多的月份，尽量增加一些连休。无论怎么安排工作日和假期，都要以遵循各国的劳动法规为前提进行设定，对这一点一定要提起注意。

▼ 提高生产效率计划的制定

与原材料费用的合理化计划相同，还要制定不同部门、不同产品的作业时间合理化计划。该计划需要明确何时着手处理哪一方面，且将其作业时间削减到何种程度。从设计的变更和设备的引进，到工程的变更、工具的改善等，明确方方面面需要在什么时机进行什么举措，将工时削减多少，这一点非常重要。特别是有些情况下，施工作业期间如果不给作业人员一定程度的连休假期，施工将难以进行。这些必须要结合年度工作日历进行探讨。

▼ 直接劳务费计划

包括作业时间合理化计划在内，明确了作业时间计划后，能够计算得出每个月的直接参与的人员计划、加班计划。另外，不属于直接劳务费的费用，如外包生产等委托其他公司生产的情况，也不能疏忽，应提醒和要求外包公司也建立同样的作业时间合理化计划，降低外包单价。在此种情况下，开诚布公地告知工厂自身的合理化课题，展示出请求对方协助的姿态很重要。

6-3-9 开发费用和金属模具投资的计划

每提出一个新产品课题，都要制定对于新产品开发必要的开发费用计划。按照不同课题，将在什么时间需要花费试制费用和试制金属模具费用等信息清楚地总结出来。还要明确由谁负责哪项课题。要想将人力资源也包括进来，支援和保证该开发计划的实现，像这样将必要的费用和人名都列入计划中进行探讨的方式，十分有效。

对于那种这也想开发、那也想开发的想法，经常会出现有些课题分摊不到作为开发力资源的负责人的情况。但是，这种分摊不到负责人的课题，在现实中是无法实行的。而如果该课题的营业额计入了销售计划，则计划本身就会成为一纸空话，所以确认课题是否有开发力的支援和保证非常重要。

关于金属模具投资计划，也是同样的道理。对于新产品，与其生产相关的金属模具费用和工具费用在什么时候、需使用的金额是多少，应该在确定新产品开发流程的同时加以明确。另外，关于金属模具费用，新产品以外的更新和维护保养等必要花销必须另行总结、归纳。

这样，将每个新产品课题的开发费用和金属模具/工具费用总结制作成一览表，除了项目管理的目的外，在修正和讨论计划内容时也非常有效。

实际上，不论是从开发力这一面来看，还是从投资费用的总额度来看，多数情况下，都难以将资源投入到所有的新产品上。此时，必须要探讨哪个产品优先，哪个产品往后拖（或是放弃）。这种情况下，如果有分别记录了每种产品课题的开发费用和金属模具/工具费用，以及销售计划和边际利润额的资料，将更容易进行应优先开发哪项产品等的讨论。另外，在讨论开发力的问题前，必须先讨论以下问题：推出边际利润低的商品是否有意义，投资该新产品是否有价值等。这种时候也是同样，如果有前面提到的那种资料就会对讨论有所帮助。

6-3-10　设备投资计划的制定

接下来要制定设备投资计划。在设备投资计划中，要记载设备投资目的、价格、时期、付款条件等信息。在实际进行设备投资时，必须要估算伴随投资产生的现金有多少，判断投资能否回收。

不过，在设备投资中，也有一些与创造附加价值无关，因此明确区分设备投资的目的、确认投资内容非常重要。设备投资的主要目的包括：①新产品生产所需设备，②新的内部生产化所需的设备，③扩大生产所需的设备，④合理化所需的设备，⑤实施提高品质的策略时所需的设备，⑥安全和节能/环境保护所需的设备，⑦设备更新等。在设备投资计划一览表中，还需记载这些投资的目的。有了这些信息，随着新产品计划的修正和销售计划的修正等，发生改变的设备投资计划的修正也变得更加容易了。

6-3-11　人员计划的制定

人员计划多数情况下是先由各部门制定之后再汇总到工厂进行合计，并将人工费也考虑进来一起讨论的。此时，每个部门都想要保住自己的部门，所以几乎没有一个部门会提出人员削减计划。因此，必须重新将人员替换作为工厂方针，指示重点领域以外的部门，以人员精简为前提、怎样提高哪项业务的效率。另外，在制定计划时，还必须对业务本身的问题进行自我批评。

在具体的人员计划中，将各个部门分别按照不同级别（等级差别、工号数差别）录入现有人员名单，明确下一期的离职预定人员、调动预定人员、升职预定人员。如果是调动和离职的人员，还要明确记录具体时间。另外，在每个级别中按月记录人员名单。升职预定人员要记录在升职后的级别中进行计算。

6-3-12　其他诸项经费计划的制定

除以上叙述的费用外，其他各项费用也同样要制定计划。如果已经有了制定的指导路线，就以此为基础建立费用削减计划。

意外的是，难以进行削减的费用居然是物流费用。库存削减计划导致物流也发生了保管效率化、装卸效率化、物流据点汇集/直送化等的改变，同时，从运费的合理化这一视角出发，物流费用计划也必须要进行修正。

另外，关于动力费用，重要的是基于生产计划，将节能推进计划也纳入计划中。其他的费用如：差旅费、交通费、通信费、消耗品费、会议费、交际费等，也要以更高效化为目标进行计划。

销管费中的促销费用也是与客户的交涉、沟通要素，在以削减促销费用为目的的商品政策和价格政策的开展、商谈中，进行削减的可能性较大。对于这些费用，重要的也是有计划地进行处理。

关于广告宣传费，梳理客户经常接触的媒体，讨论筛选出更有效果的媒体和方式。是否支出宣传费？是否增加促销员？重要的是充分探讨最有效的资金使用方式，并将之纳入计划。

6-3-13　经营损失成本的削减计划

以上，围绕与 P/L、资产负债表（B/S）、现金流量表（C/F）相关的计划制定时的基本探讨事项进行了阐述。与此同时，对于质量损失和废弃损失等经营损失成本，也应事先制定削减计划，并将计划内容反映到数字上。

如果出现质量损失，就要将新产品的质量损失成本和日常生产销售活动中发生的质量损失成本进行区分，分别制定具体的提高质量的措施和计划并明确削减损失成本的具体金额，如：到何时为止、通过何种方式、将损失成本降低多少。

对于废弃损失，也应在建立库存削减计划时，一并明确采取何种措施进行削减。同时，基于目前的滞留库存，必须废弃的库存有多少，闲置设备和金属模具如何处理等问题也必须写入计划中。

6-3-14　P/L、B/S、C/F 的估算和修正

如上所述，制定计划后，将这些计划汇总，估算 P/L、B/S、C/F 会如何变化。特别是在 C/F（现金流量表）中，纳入分红支出、借款返还计划等，以确认资金如何变化。

各部门按照计划制定的指导路线讨论得出具体数字后，有时也会发现该数字与中期计划的数字相近，但大体上讲，一般是无法一次性达成中期计划和年度目标数字的，所以要再一次修正计划数字。

制定修正的指导路线

在修正计划数字时，首先应该做的是，以汇总合计的 P/L 和 C/F 表为基础，明确中期计划与上一年度的利润差异、资金差异等。在明确了在哪方面产生差异后，如果汇总合计的数字与中期计划、目标数字之间有较大差距的话，就对差异较大的项目进行重新修正。

在利润和资金方面，通过修正新产品开发计划，有可能实现对很多经费和投资金额的大幅削减。正如我们在开发费用计划、金属模具投资计划的内容中提及的，如果能分别将每项课题需要多少费用进行整理，就能够轻松判断出终止一项新产品开发课题能够削减多少费用和投资。然后再根据这些数据，对经营效果较差的新产品开发课题进行修正。

关于除此以外的其他诸项经费和人工费等，先比较上一年的固定费用和中期计划中的固定费用，按照不同部门分别设定修正的指导路线，然后再做出修正指示的方式十分有效。也就是说，确定整体费用范围（额度），然后再在这个范围内将各个部门的目标数字进行讨论和分配。

在第 7 章“日常经营管理”中也会叙述到，为达成整体的目标数字，要点是分别给各个部门分配目标额，推进管理。在制定计划时也应按这一思考方式进行探讨。

6-3-15 落实各部门计划的关键

年度计划的达成与否，是由能否按照开发计划、合理化计划、库存削减计划、生产效率提高计划等各项计划顺利实行决定的。也就是说，工厂的年度计划能否完成，取决于由谁到何时为止完成了哪些工作，对 P/L、B/S、资金的贡献有多少、各部门计划的落实情况如何等。

比如：关于合理化计划，必须要在提出具体的合理化建议的同时，给出效果金额和实现度评价，并将具体要求详细地落实在计划中，如：从哪个项目开始优先着手处理、到何时为止应达到何种效果。仅将 5%的合理化这一目标数值分摊到各月份中，是无法保证和支援计划的完成的。

如图 6-13、图 6-14 所示，每家工厂应该都会建立资金计划和利润计划。重要的是，能不能制定出在每个不同阶段，完成“由谁、何时、去做什么工作”这一具体的计划。这才是计划能否完成的决定性要素。

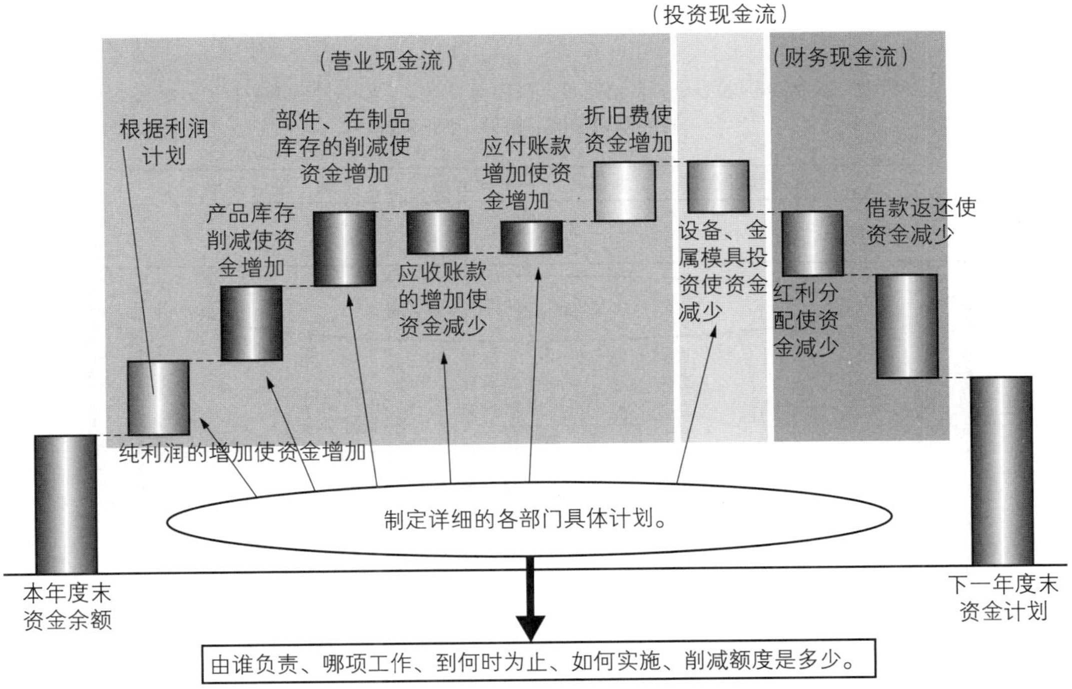

图 6-13　资金计划的建立示例

弄清楚哪个项目要确保多少资金、哪个项目会外流多少资金，分别划分到各个部门的具体计划中。

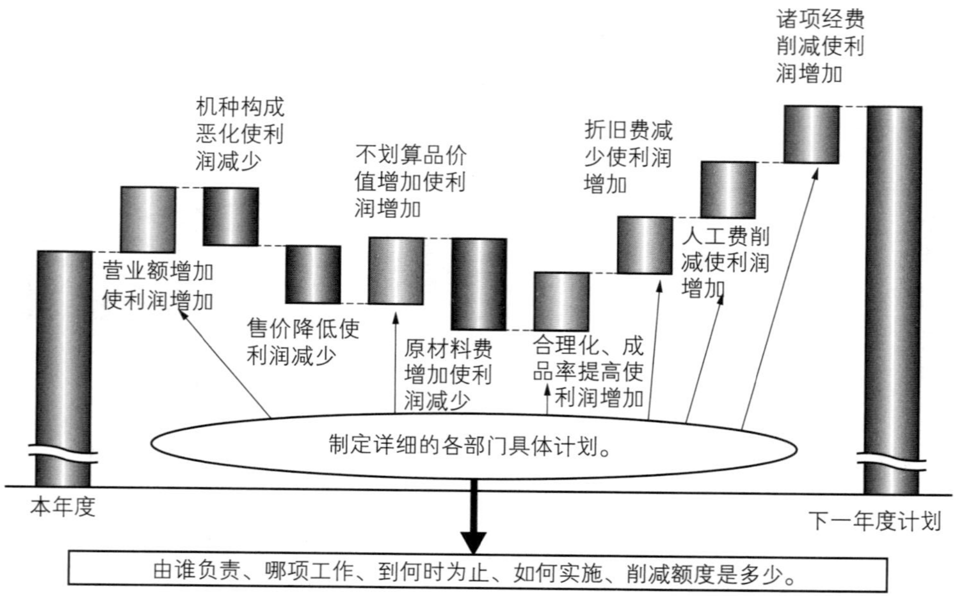

图 6-14　利润计划的建立示例

弄清楚哪个项目会使利润发生多大程度的增减，分别划分到各个部门的具体计划中。

在此必须注意的是，不能让“作战计划”止步不前。所谓作战计划，是指何时完成调查分析、何时确定应处理的内容等。这些并没有具体的计划数字的支援。各部门的计划至少要在明确负责人姓名的同时，明确具体的“处理对象”“时间”“额度”这几项信息。如果各部门的计划能够落实，就能在每个月的决算讨论时，明确与计划产生差异的原因，甚至能够提高各部门的经营管理水平。

6-3-16　年度计划制定的要点

对上述年度计划制定的要点的总结如下。

（1）有无能够支援和保证具体实行计划的数值计划。

（2）能否从现金流经营的视角制定详细的计划。

①是否确立了库存削减计划，并切实进行了削减。

②是否着眼于包括细微的损失成本在内的所有成本，并建立了创造利润最大化的计划。

③投资是否以长远眼光出发，聚焦于切实能够回收的投资项目。

④是否是使自由现金流为正的计划。

（3）能否分别落实到各部门的实行计划中。

①是否已明确由谁、到何时为止、做哪些工作、负责的利润/资金计划目标是多少。

(4) 计划是否基于中期计划，另外，能否应对今后的经营环境变化。

①是否已明确地做出“终止应终止的业务、着手对有需要的项目进行构成改革”的指示并分别落实到各部门。

6-4 现金流经营的具体开展

以上围绕中期计划、年度计划的制定进行了阐述。在推进现金流经营时，如果能够事先整理出必须着手处理的项目具体都有哪些，那么具体实践项目的开展就会更容易。

图 6-15 是现金流经营具体开展的示例。增加现金流的根本，正如我们在第 2 章开头时阐述的，是工厂资产将从贷方处筹措的资金转换成资产的形式。因此，如果从如何有效使用资金并产生新的资金的视角出发考虑，那么“如何简化 B/S”“如何提高利润”就是要点。也就是说，要想增加营业现金流、实现自由现金流最大化，提高 ROA（总资本利润率）就成为了重中之重。

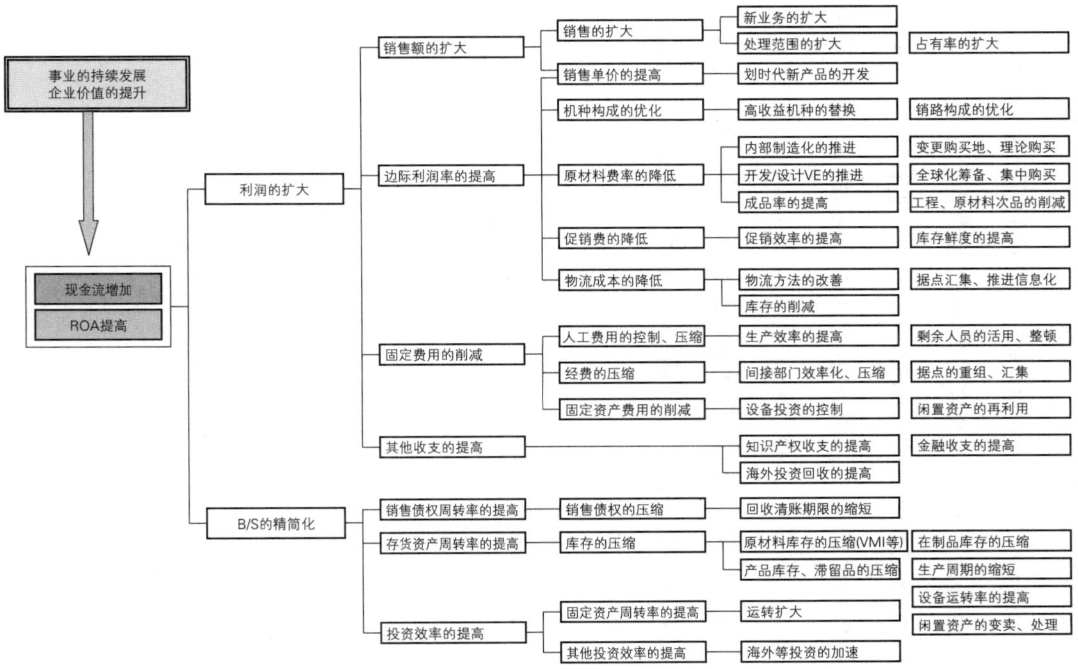

图 6-15　现金流经营实践的具体开展事项

该示例中各项记录的是，在现金流经营的实践展开中，切实提高利润的开展事项和以 B/S 精简化为目的的开展事项。将计划一步步划分、落实为具体处理事项。

因此，正如笔者在第 2 章、第 5 章中讲解的那样，现金流经营的根本是利润的确保和 B/S 精简化，而在此基础上，确认是否开展了如图 6-15 所示的应具体着手处理的项目非常重要。

在制定经营计划时，以及在日常推进经营时，如果能像这样将哪些地方有必要处理进行归纳整理，就能让人更易于理解。如果是你自己的工厂，请务必在具体开展现金流经营管理时，将应该处理的事项、必须着手管理的事项进行总结归纳。归纳整理好这些具体事项后，就能将之作为工厂自身的经营管理指标灵活地运用。哪些项目应作为 KPI（Key Performance Indicator），就不言自明了。

第 7 章

日常经营管理

在日常经营管理的推进过程中，进行资金周转和应收债权管理的同时，还必须防止存货资产的滞留。要想按计划推进经营，必须切实完成每个月的计划。因此，如果根据经营结果进行结算就太晚了，事先积极地进行经营推进管理才是重点。

在本章中，将围绕这些在日常中应加以管理的事项进行说明和阐释。

我们在第 2、第 3 章中曾反复强调过，经营的根本在于现金流。那么，从这一视角出发，经营者在日常的经营推进过程中，必须要加以管理的事项是什么呢？

以下四个要点请大家务必掌握。

①资金周转是否正常。

②应收账款是否切实回收、是否存在滞留债权。

③是否存在不良资产或有滞留可能的资产，是否已成为不良资产、有没有可能废弃，资产管理是否健全。

④能否按计划确保资金/利润，为完成计划是否积极地做出了应对之策。

在本章中，将针对各个要点的具体内容进行详述。

7-1 资金周转是否正常

工厂倒闭发生在手头现金不足、支票和票据无法兑现之时。

如果工厂已不能支付员工工资和应付给合作方的款项，那么谁都能立刻意识到事态的严重性。

因此，首先绝对不能让资金链变短，平时就对资金的周转进行管理，才是经营的根本。为此，每个月必须确认资金是否回笼。在确认时需要用到的就是资金周转表（表 7-1）。

表 7-1　资金周转表

每个月确认、核查资金周转是否正常。

单位：日元

		年　月		年　月		年　月	
		预算	实绩	预算	实绩	预算	实绩
上月结转余额							
经常收入	现金销售额						
	应收账款的回收						
	预收款的进账						
	其他进账						
	收入合计						
经常支出	现金支出						
	应付账款的支付						
	未付款的支付						
	人工费的支付						
	其他诸项经费支付						
	支出合计						
经常收支盈亏							
设备收支	变卖设备等的收入						
	设备等的支付款						
财务收支	借款						
	借款返还						
下月结转余额							

资金周转表是记录日常交易中的资金收入——“经常收入”和日常交易中的资金支出——“经常支出”，以及除此之外发生的设备等支出款项、借款的返还等，总结每个月资金运作的预

测情况的会计表格。

核查月末资金

在该表中，首先应该确认的是月末资金（结转到下个月的余额）状况。如果结转余额减少了，则有可能导致月中无法支付。比如：假设工资等的支付是每月 25 日，从客户处收回的应收账款的入账日期是每月末的 30 日，虽然月末有现金进账，但在此之前的月中资金链短缺，就有可能陷入无法支付工资等事态中。月末资金较少时，就必须要制作某月某日资金有多少等按天计算的资金周转表（日周转表），核查预测工厂的经营。

如果预测到资金链会变短，就必须立刻采取对策。万一出现了无法向供货方付款及无法支付员工工资的事态，会导致工厂失去信誉，供货方停止供货，最终使工厂无法运营。

为避免这种事态的发生，有必要事前跟总公司及金融机构商讨，采取实行贷款等资金对策。如果工厂需要向总公司或集团公司付款，那么向其说明情况并申请延期支付也是一个办法。

不过，最应该做的是在这种危机事态发生之前，就积极采取根本的资金对策。另外，还应该考虑能够支援和保证年度计划实施的资金构成。

经常收支如果为负，就要采取根本对策

不仅是月末的资金，用经常收入减去经常支出得到的“经常收支盈亏”一栏也是应该每月核查的重要数字。如果这一栏的数字每个月都为负，就意味着工厂越是持续日常运营，资金越会不断减少。这种情况就如我们已在现金流量表中学到的，意味着营业现金流为负。长此以往工厂经营将难以为继。

经常收支为负时，上述资金对策（从总公司及金融机构处贷款等）也只不过是一时的权宜之计，工厂很快就会再次陷入资金链短缺的状况。原本，在这种经营状况下，想申请到金融机构的贷款极为困难，大多数情况下都会被要求要有总公司的担保。虽然同样称为贷款，但为图事业扩大申请的贷款和为解决眼前的资金周转而申请的贷款，情况截然不同。前者虽然必须要有增资的保证以及能够从金融机构申请长期贷款的稳定的资金保证，但如果能预见其将来能产生持续的自由现金流，则会比较容易筹集到资金。

另一方面，如果经常收支持续走负、资金周转困难，就会使工厂经营变得极为困难。当然也几乎不会有愿意向这样的事业提供贷款资金的机构。所以，在这种情况下，必须及早实施对策，停止支出现金。有必要提早明确包括撤出业务在内的业务构成改革和销路构造改革等根本对策，并迅速执行。如果通过这些措施，可预见现金流能得到极大改善的话，那么从金融

机构获得暂时的资金筹措也会成为可能。也就是说，希望各位读者能够理解：现金流状况不同，针对经营对策和资金筹措采取的措施也迥然不同。

除了上述情况，在资金周转困难时，以及实际经营与计划产生较大出入时，也应先确认产生问题的原因在哪里，再采取相应对策，这一点非常重要。只看资金周转表是无法发现原因的。首先，应该制作现金流量表，并将之与计划相比较。重要的是对营业现金流远低于计划数字的原因是什么？是否有巨额赤字？运转资金大于计划数字时，应收账款是否比计划数额增加了？库存是否大幅增加等问题进行检查、核实，确认了这些状况后，对原因进行分类并确认。

比如：应收账款增加时，未回收债权也可能增加。库存增加的话，可能使交易方取消订单。首先，必须切实把握问题的原因。投资现金流高于计划数额时，要猜测一下是否产生了计划外的投资或过度投资、探究原因。把握实际情况和资金计划之间产生差异的原因，在此基础上实施具体对策，这一点很重要。

重点关注大额支出的时间点

基于每个月的资金周转情况，从经营的视角出发，对一些要点必须提起注意。也就是奖金和税，以及设备费用等大额支出的时间点。

比如：要想在 12 月的上半月支出奖金，那么 11 月末就必须确保这部分资金。假设应收账款的回收周期是 2 个月，如果想在 11 月末确保这部分资金，则必须在 9 月前确保营业额。如果 9 月份的销售任务推迟到 10 月份才完成，那么虽然年度销售总额相同，但也可能会出现资金链的短缺。

如果事到临头才开始考虑资金应如何筹措，就为时过晚了。在工厂经营时，必须要熟知这些大额支出的时间点，并结合这些时间点采取相应的资金对策。

顺便提一句，各工厂在经营环境恶化时，会积累手头资金，这可能导致随着营业额下降而产生赤字，或由于滞销而导致库存增加。考虑到经常收支恶化、资金周转困难的可能性，应提前制定出避免工厂陷入非常事态的资金对策。

7–2　应收债权管理

需在日常加以管理的第二个要点是应收债权管理。应收债权管理直接关系到资金周转本身，因此是一项极为重要的管理事项。在日本国内，“买了东西就要付款”是常识，所以较少发生债务回收问题。但在海外，正如我们在第 2 章介绍过的印度的事例一样，应收账款回收问题频发。

然而，大部分进驻海外的年轻的经营团队，在日本都没有经历过这些问题。如果是毫无营业经验的制造及设计技术人员，有些人甚至没有掌握任何债权管理的相关知识。所以由于被突然外派到海外据点而直接面临债权管理的问题，并为此烦恼的人很多。

7-2-1　销售工作的定义

首先，我们来明确一下销售工作的定义。

当被问到“何谓销售工作”，很多人会回答说：“完成销售计划”“为扩大销售，开发新的客户”“满足客户的订单和需求”等（图 7-1）。

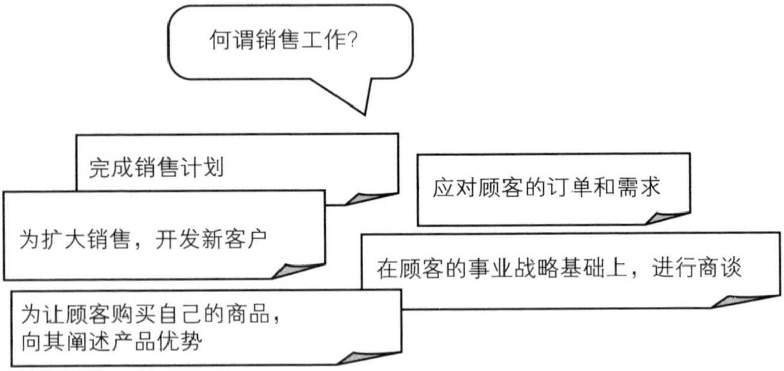

图 7-1　对何谓销售工作，经常得到的回答

每个答案都没有错，但却都不是问题的本质。

这些答案绝没有错，生意人原本应考虑的问题就是“如何才能让钱变多”。销售也正是生意人的专属行为。所以，思考如何卖出更多能赚钱的商品并扩大利润，如何尽早回收货款等问题，就是销售。所谓销售工作，对客户的开发及交易条件的交涉、具体的商谈/下单等自不必说，还要能够回收资金，只有做到了这些，才算完成（图 7-2）。

◆原本生意人最关心的事情就是如何增加资金。
⇒思考如何才能增加资金，就是销售。

1. 如何卖出更多能赚钱的商品并扩大利润。
2. 如何尽早回收货款。

⬇

销售工作包括资金的回收

‖

应收债权管理是销售中极为重要的工作

图 7-2　销售工作

做生意的根本是思考如何才能增加资金。从这个意义上讲，债权管理在销售工作中占有极为重要的位置。

笔者想反过来问问各位读者，你们公司的销售部门如何呢？希望大家仔细思考是否已经深刻认识到了上述内容。在笔者所见的公司中，很多都认为在下订单后，剩下的就都是会计的工作了，完全不认为债权回收是销售的工作。但这样做的话，作为一名销售员就是失职。在新交易中交涉合作条件是销售部门的工作。其中，由于付款条件的交涉与价格交涉密切相关，所以也是极为重要的交涉事项。不了解资金重要性，随口说出何时支付都无所谓的销售员，其所到之处都无法建立正常的资金周转。

另外还不能忘记应收账款会产生成本。在利息较高的国家这是一笔巨款。而且应付账款的支付周期如果比应收账款的回收周期长的话，就必须确保需支付的资金。既然业务相关的资金回收全都取决于销售员，而如果销售部门不能理解这一点，则工厂将无法经营。

销售工作只有连资金回收都顾及到，才能称得上是完成。希望各位能够深刻认识到，如何尽早回收资金是很重要的。

7-2-2　如何切实回收应收账款

下面，就来具体地讲一讲，要想切实回收应收账款，应该怎样做。

▼ 信用管理——平时多观察

第一，确认交易方能否及时付款，即“信用管理”。按字面意思，就是对能否信任对方进行管理。具体来说，就是通过对该工厂进行信用调查，收集该工厂的各种财务报表，以确认该工厂的支付能力。

这项工作并不是仅在交易开始时进行就万事大吉。根据经营环境的变化，工厂有可能陷入极为严峻的经营状况。所以，必须对此定期进行检查。

重要的是，在平时也时刻关注和把握交易方的经营状态。在商谈过程中，即便难以打探出对方的利润和资金状况，也能够问出一些销售情况和市场竞争状况等。在交货时根据对方仓库的情况，也能够大致把握除了自己工厂的零部件和商品之外的其他销售情况。如果有与其他供货商见面的机会，也可以从其他供货商的情况分析得出有关交易方经营状况的信息。

如果在平时就关注这些，就能够察觉出其倒闭的征兆，及与平时有异的情况。因此，请各位在销售部门和供货部门等工作的读者，时刻意识到这一点，并在商谈和供货时进行指导。

▼ 基本交易合同——分开使用条件

一旦决定进行交易，就要签署基本交易合同。在合同中明确记载交易时的付款条件等，针对交易的基本规则进行商讨并达成一致。当然，针对资金尚有余力，支付没有任何问题的对象，和有风险的交易对象，这两者的交易条件必须有所变化。如果交易有风险，就不得不将预先付款和现金交易作为交易的基准。

以现金流经营的视角来看，尽早将应收账款回收非常重要，从这个意义上讲，对付款条件的交涉就显得极为重要。特别是在印度和巴西等海外国家，利率很高。作为保证账款尽早回收的条件，根据支付周期来讨论定价也是办法之一。因为如果能够尽早回收，其相应部分的利息就能使工厂获利。

▼ 信用额度的设定——考虑无法回收的风险

在交易时，设定“信用额度”来加以管理很重要。所谓信用额度，就是与交易方进行信用交易的限额，也就是说，应收账款的上限额度。设定信用额度的目的之一是为了防止以扩大营业额为目的而偏重一家公司进行强势推销。因为如果这一家公司倒闭或是资金周转恶化的话，应收账款的回收就会变得困难，结果导致工厂自身的资金周转恶化，进而引发连锁反应，招致倒闭的危机。

信用额度范围应该设定为：即使不能回收，也不会令工厂自身的资金周转陷入困境。话虽这么说，但太小的额度会给日常的销售交易活动带来障碍。因此，应以平常的销售金额和回收期为基础，同时考虑工厂自身的资金余力，以确认这一额度是否有问题，并进行设定。如果销售量扩大，信用额度就必须进行修改，所以一定要定期进行信用调查。

▼ 营业额总计和账单的发行——明确规则

在日常交易中，商品一旦出货就要周详地计入营业额，且准确地发行账单。账单要根据与交易方商定的截止日期发行。这类账单的发行工作大多数情况下是由会计部门等进行的，但这其中有很多单价的改变没有反映在账单中，数量变化没有体现在账单里等错误。为防止这类错误的发生，明确并共享单价改变和数量变更等的处理规则，这一点很重要。

▼ 进账管理——信息共享

发行账单后，不要忘记进账管理。确认是否在支付日期确实收到账款，如果没有进账，就要立刻敦促对方支付。进账延迟的话，就有可能陷入无法回收的惨境，所以要马上确认对方的经营状况，同时，如果发现对方经营状况不妙，就要采取相应措施。如：停止目前的订单相关的生产、出货，回收应收账款困难时，就要将已送至对方的库存收回等。最重要的是通过管理，将工厂自身的损失控制在最低限度，且不影响资金周转。

所以需要明确这些处理规则和联络规则。有时也会发生会计部门虽然联络了销售负责人，告知其存在的未回收账款，销售部门却仍放任不管的情况。为了避免这种情况，最重要的是在未回收的时候，不仅联络负有回收责任的销售部门，还要联络相关部门（生产部门和物流部门等），针对该客户的出货和生产，制定出能够做出恰当且迅速的判断的计划。

▼ 确认应收账款余额——与应付账款相核对

从管理应收账款回收的视角出发，笔者还希望大家注意一下定购单（Purchase Order：P/O）与支付金额是否一致。有的交易方会根据自身情况，只在自己资金充裕时支付款项。如果轻易认可了这种支付方式，就会不知道哪笔进账是哪个定购单的支付款，导致发现问题迟缓。

另外，在进行这种进账管理的同时，还要分别取得每个交易方的应收账款余额确认书，对照交易方的应付账款余额与自己公司的应收账款是否一致。确认计入 B/S 中的应付账款数额是否正确，这一做法从健全的 B/S 管理的角度出发来看，非常重要。

特别是在回收问题多发的地区，有时会到了期末才突然发现很多额度较大的不良债权。为防止和避免这类事态的发生，可考虑每个月都获取应收账款余额确认书的做法。这种做法在防止不良债权这一点上十分有效。

▼ 检查滞留状况和坏帐准备金的计入

即使进行了上述管理，还是会发生应收账款滞留的情况。因此，为管理应收账款的滞留，笔者建议在制作未回收的应收账款明细的同时，制作并管理“应收账款账龄调查表”。通过这张表总结归纳各项未如期进账的应收账款——“滞留债权”的情况以及滞留期（表 7-2）。滞留期越长，变为不良债权的可能性就越高，所以重要的是对各项债权的回收情况进行认真管理。

表 7-2　应收账款账龄调查表

单位（千日元）

交易方	信用额度	应收账款合计	当月销售额	1个月前	2个月前	3个月前	3~6个月前	6个月~1年前	1年前

另外，要想推进健全的经营，必须为应对坏账（指应收账款变为不良债权无法回收）而准备适当的坏账准备金（为应对无法回收债权引起的损失而准备的准备金）并计入会计表。坏账准备金基于表 7-2 所示的应收账款账龄调查表，按不同滞留期乘以一定的比率计入会计报表。

应收债权管理在推进工厂经营的过程中，可以说是回收资金的最重要的业务之一。无视信用额度的交易，以及即使存在滞留债权，也仍继续向其销售等行为会给工厂经营带来破产的危机，这一点需要大家深刻地认识到。

7-3　不良资产管理

不良资产的管理也很重要。特别是存货资产，有必要每月进行确认。滞留期间越长，最后变得无法使用而不得不废弃的可能性就越高。从时刻保证健全的资产这一视角来看，不良资产的管理非常重要。

为此，首先要明确一下工厂自身对滞留库存的定义。一般来讲，将滞留时间超过三个月的库存定义为滞留库存的工厂较多，但在库存较少的工厂，也有认为超过一个月即成为滞留库存的情况。另外，如果是设定了食品保质期的商品，根据其保质期，需将滞留库存的期限设定得更短。无论怎样，设定了期限，就能明确区分出哪些为滞留库存，也易于开展具体的削减滞留库存的措施。

作为具体的日常管理，应制作“库存年龄表”进行管理，该表不仅能够确认有多少天份额的库存，还能确认不同滞留月数的库存分别有多少，这些滞留库存是否确实在减少（表7-3）。

在推进这一措施时，应留意的是现有物品的管理。在每月盘货时，重点是不仅要检查账簿和现有物品是否一致，还要经常确认不良资产在哪里存放，存量有多少，这些存货会在何时被使用，何时能够转化成现金。明确长期滞留的库存（发霉库存）、逐渐变为长期滞留的库存（即将腐败的库存），事先将这些列出清单，并探讨防止其继续滞留的对策。

另外，将滞留库存集中放置在显眼的地点，就能知道是谁在何时将这些库存消除，这样一目了然地进行管理（图7-3）。

长期滞留的库存很多时候被放在仓库的最里面，或是落满了尘土。如果是这种保管状态，很容易会变得无人问津，结果只能废弃了事。

我们在第 3 章“用 5S 法对现金流经营进行实践”中也曾讲到，实行现场的可视化、列表化能推进现金化。从新鲜度管理的视角出发，也不要忘记要打造一个能够先入、先出的现场。

表 7-3　滞留库存的管理和对策

制作总结归纳每个月的在制品、原材料库存、产品的滞留库存等的库存变化表，把握不良资产情况。库存天数以按下个月的使用量能够使用多少天为标准记载。月末库存是下个月生产所需的库存。将原材料和库存的变化表中即将变得腐败、已经腐败的库存列出清单，并每月采取具体的对策。

原材料及在产品库存的变化　　（单位：千日元/天数）

月		4		5		6		7		8		9	
库存实际数量		金额	天数	金额	天数	金额	天数	金额	天数	金额	天数	金额	天数
在制品													
原材料	仓库												
	现场												
	合计												
支付方													

滞留库存的变化　　（单位：千日元）

滞留月数	4	5	6	7	8	9
1~3个月						
4~6个月						
7~9个月						
10~12个月						
13个月以上						
合计						

1~3个月：即将腐败的库存

4~6个月、7~9个月、10~12个月、13个月以上：已经腐败的库存从健全的资产管理这一点来说，制作如表7-4的库存误算（账簿数值与实际库存的差异）清单，追查产生差异的原因，推进消除差异的措施非常重要。从防止在海外据点时有发生的盗窃事件这一观点出发，也请各位读者务必制作这个库存误算清单。

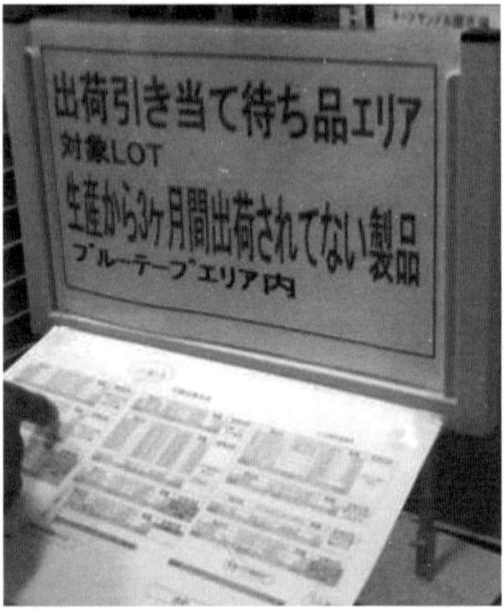

图7-3　滞留库存放置地点

长期滞留库存集中放置在一个地点，使其“可视化”。

表7-4　库存误算清单

针对各个部件账簿上的数量、实际库存数量、两者间的差异原因、应采取的对策等制作一览表。制作这种列表，能使库存误算变得清晰明了，更易于采取相应措施来消除账簿与实际库存量之间的差异。

部件名称	部件编号	账簿数量	实际库存	数量差异	单价	差异金额	原因	对策

7-4　掌握主动权的经营管理

7-4-1　结算讨论会的目的

虽然各公司对结算讨论会的叫法各异，有每月报告会、每月经营会议、每月会计会议等，但无论哪家公司，应该都会每月召开结算研讨会。然而，多数情况下，这个讨论会的目的并不明确。比如：有的结算报告从头至尾都是上个月的实际业绩与计划相比完成得如何，对比累计计划，累计实际业绩的成果如何等这种内容。在结算报告中，实际业绩与计划之间的差异分析当然也是必要的，但如果内容仅限于此，讨论会就会变得毫无意义。

经营管理层有保证经营计划被顺利执行的责任。这一责任不仅是要达成向股东们承诺的经营数字，如果是子公司，还要完成被总公司许可的计划。所以月度结算讨论会的内容应该是：如何做才能够完成计划的经营数字。

结果的结算为时已晚

首先希望大家记住一点：讨论“结果的结算”时，已为时过晚。

“很遗憾没能按计划获得利润”“很遗憾资金链发生了短缺”

“很遗憾我们倒闭了”等向大家报告“太遗憾了”的结算讨论会，无论召开多少次也毫无意义。为保证计划的顺利完成而先下手为强，积极推进应对策略才是必要的。那么，所谓的为了保证计划顺利完成的结算讨论会，具体是什么样的呢？

要点是，在讨论实际业绩“是否正在按计划创造资金？”的同时，确认经营前景“是否能按计划创造出资金”。也就是说，如果截至上个月的累计业绩未达到计划量，就要讨论如何才能使业绩恢复到正常状态，同时还要确认本月、下个月、下下个月的经营预测数据能否达到计划数字。

如果预测到经营业绩无法完成计划量，则需要讨论预案和对策，探讨如何才能达成计划，并推进和实施该对策。像这样完成每个月的计划，可以说是达成计划数字的基础。年度计划的完成无外乎就是每个月计划完成的累积。因此，严守每个月的计划并切实地完成，这一点非常重要。

7-4-2　预结算的方法

下面，针对能够实现预先的经营管理的预结算（未来结算预测）的具体操作方法进行说明。

通常，无论是哪家工厂都能预测出未来三个月左右的销售情况，结算预测也应该会做到未来三个月以内的估算。

结算预测的预测方法应按以下顺序进行。首先，①将销售预测按不同客户、不同商品进行分类，②在此基础上制定生产计划。实际上，①②应该在生产销售会议（在销售预测和基于此建立的库存削减计划的基础上，讨论应该生产的规模和数量的讨论会）上进行。

其次，③以生产计划为基准，估算原材料所需量并算出原材料费用，④同时算出未来三个月以内的每月原材料费用的合理化预测，给出原材料费用预测，⑤在通过生产计划算出生产所必需的工时和工作量的同时，考虑能够提高未来三个月以内的每月生产效率的举措，并

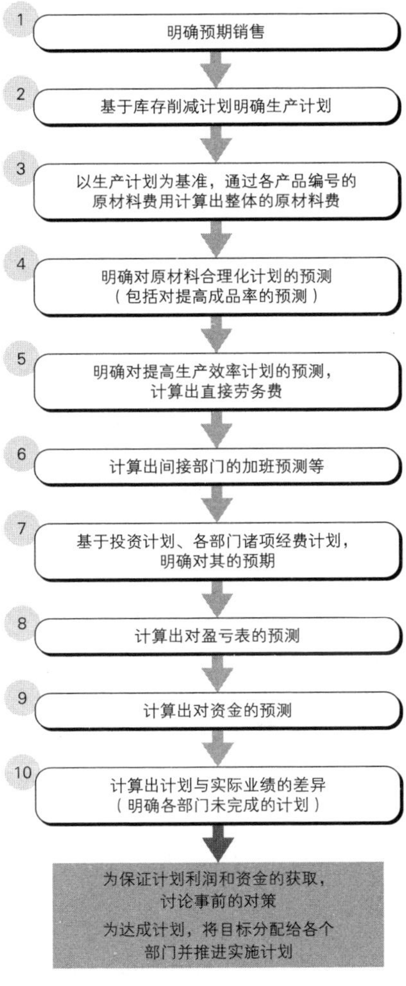

图 7-4　计算结算预测并达成计划的步骤

销售预测明确生产计划、原材料费用、劳务费、投资计划等，在此基础上，如果预计到无法完成计划，则需讨论相应的对策。将目标分派给各个部门，并推进实施对策。

算出直接劳务费的预计数额，⑥算出间接部门的人员预测、加班预测，⑦分别计算出各部门的投资预测、诸项经费预测，⑧估算盈亏表（P/L）预测，⑨估算资金预测，⑩明确计划与预测结果之间的差异（图 7-4）。

乍一看，好像工作量很大，但实际上，只要变成例行公事，就会发现负担并没有那么重。只要确定了每个月的这些生产销售计划数字，那么各部门基于此得出的预测结果不外乎就是应做的工作（各部门为落实各部门计划而需要完成的事项），也就是全是各部门为推进经营而应该去管理的事项。

对此感到难以实现的工厂，究其原因，要么是支援和保证年度计划实施的各部门实施方案没有按月落实，要么是各部门在对自己部门的方案进行每月推进管理上有懈怠。如果事态演变到如此，就会无法脚踏实地地经营。这时必须重新修改年度计划，制定能够有所保证且能够落实到各个部门、每名员工的计划。

7-4-3　体现预测精确度的管理水平

为进行预结算而做出的销售预测、合理化预测、诸项经费预测等，大多会因部门不同而在精确度上存在较大差异。认真管理应做的工作并踏踏实实地推进工作的部门，给出的预测精确度也会极高。相反，没有管理好应管理的工作，且没有将推进策略落实到具体的事项中或无法推进管理的部门，给出的预测精确度会极差。这种预测精确度差的部门屡屡给出的并不是有依据的数字，而是由部门负责人基于预想的数字做出的预测。

正如我们在第 4 章“库存是工作质量的晴雨表”以及第 6 章“经营计划的制定”中曾讲到的，如果不能将完成计划的对策落实到具体的措施当中，并明确由谁负责、如何推进的话，计划将无法实现。经营预测也是同样的道理。各部门推进管理能力的差别，会直接体现在预测的精确度上。

换言之，各部门在结算讨论会上公布预测结果的时候，如果不能明确地说明实际业绩与上个月预测的数字之间产生差异的原因，就说明该部门没将应管理的事项管理好。相反，如果能够在结算讨论会上给出前面提到的经营预测，并基于此讨论具体的对策并实行推进管理，久而久之，预测的精确度就会提高，各部门应加以管理的事项就会变得更明确，并能够切实推进应做的工作。也就是说，提高预结算的精确度的具体措施是：各部门要培养自身将应做的工作落实到具体计划之中并能够切实推进的能力。

为了培养出这种能力、提高生产销售库存预测的精确度，希望大家通过制作如图 7-5 所示的表单，来把控生产（P）销售（S）库存（I）预测的变化。该表的使用方法如下。

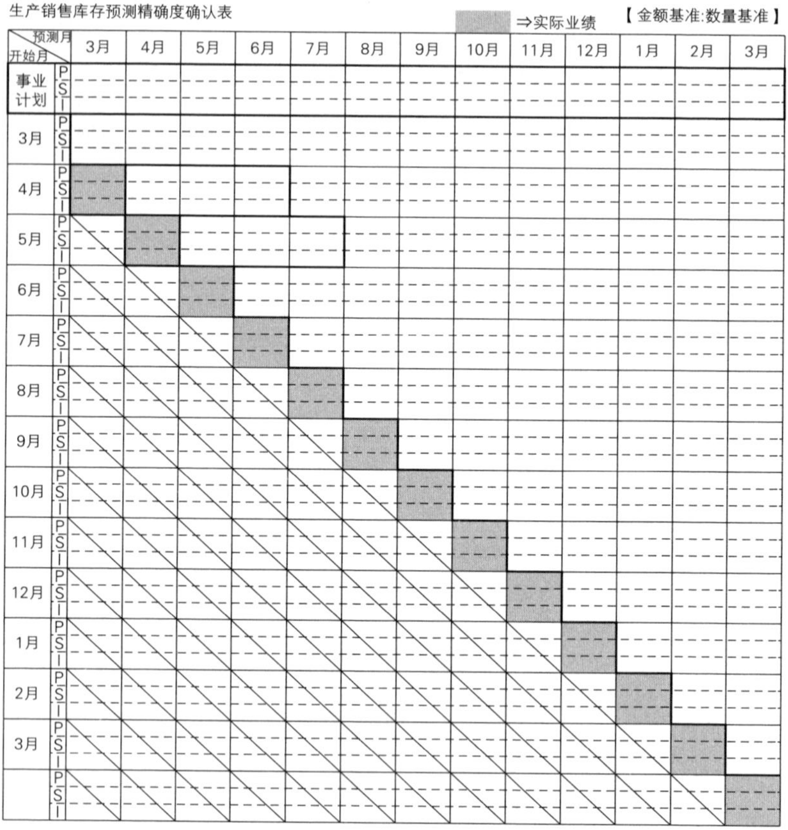

图 7-5　生产销售库存预测精确度确认表

比如：开始月份是 4 月份那一栏，那么在记录 3 月份实际业绩的同时，还要在右侧相邻的 4、5、6 月份这几栏分别记录每个月的预测，如果开始月份是 5 月份，则在记录 4 月份实际业绩的同时，在右侧记录 5、6、7 月份的预测，用这种方式每月记录实际业绩和对未来三个月的预测。

而且，每次看表时都应关注纵列，预测值从上上个月到上个月、上个月到这个月是如何变化的，最终实际业绩如何，这样来把握预测值的变化和实际业绩的变化。

从预测到实际业绩的数字变化如果较大，那说明可能发生了较大的损失成本。比如：假设采购生产周期较长，有些部件必须提前三个月进行准备。如果实际业绩比三个月前的预测数字低，那说明部件库存相应地增加了。这样一来，库存增加的部分就会导致资金减少，产生利息和库存管理费用的损失。相反，如果销售预测数值增加了，那么部件的筹备就会来不及完成，而导致销售机会的丧失。为此，就需要使用如图 7-5 所示的表单，反复确认为何预测数值发生了变化，提高预测的精确度。

7-4-4　框架经营

即使基于预结算的结果采取了相应对策，如果只是漫不经心地发号施令说“似乎完不成计划了，大家一起努力拼命去完成啊”，问题也得不到解决。必须要将目标分配到各个部门，明确各部门应分别采取何种措施、完成多少目标数字才能使整体数据按计划完成。也就是说，为完成整体计划数字，按部门、费用项目分派目标，明确各自的目标完成框架，这才是要点。就像我们在第 6 章“经营计划的制定”中讲到的一样，预结算的结果显示计划将无法完成时，最重要的是立即将目标分派给各部门，提出对策、推进管理。

等到这个月的利润预测结果显示将无法确保计划利润值，才开始考虑原材料的合理化的话，就来不及了。这种情况下，必须采取削减诸项经费和加班等能够立竿见影的对策进行应对。向各个部门提出诸项经费的削减目标以及加班削减目标，将各个部门本月能够削减的费用、往后拖的费用等区分开，为实现计划的削减范围而推进措施（参照下述的“迅速应对，尽早摆脱危机”）。

迅速应对，尽早摆脱危机

减少加班等紧急削减经费的方法，在2008年秋天爆发雷曼危机时，很多工厂都曾经尝试过，读者朋友们也应该有所印象。比如：笔者曾提供过咨询服务的工厂认为：雷曼危机可能招致相当于全球危机的事态，基于营业额会大幅削减的预测，在非常早的时机就采取了削减董事/干部工资、削减支付外部费用等措施。并废止了面向全体员工的每月公司内部报刊，改为在各部门的新闻事项告示上进行登载等，除对目前业务来说必不可少的部分外，全部终止了。

由于这种彻底的支出削减，在行业内的各家公司都面临赤字的形势中，率先实现了盈利，股价实现了涨停。为使工厂能够可持续发展，在经营环境的变化如此迅速的情况下，能在多大程度上做到先下手为强，尤为重要。

比如：将本月必须购入的物品拖到下个月初再购买等，即使是极短的时间也将费用拖后支出，明确各项业务的优先顺序，在不对各项业务造成妨碍的范围内减少加班等措施是极为必要的。

7-4-5　结算是各部门的工作结果

最终的结算数字是各部门经营计划执行结果的总和。计划完成与否取决于经营计划在各部门中的落实情况，以及各部门计划有多少能够被切实地执行。也就是说，工厂整体的计划未完成时，能够明确地把控因哪个部门没有完成哪项任务，而使实际业绩与计划产生了多大差异，进行这样的管理很重要。

我经常听说有些经营者搞不清各部门的做法和举措对经营数字的影响有多大，但经营者和各部门的管理负责人至少要能够理解经营的根本、各部门的举措与经营数字的联系，实施具体的对策。

第 6 章图 6-15 所示的“现金流经营实践的具体开展事项”中，所显示的项目有必要按照不同部门进一步详细地展开。另外，让全体员工都理解这些事项与经营数值之间的联系，能够提高现场工作的干劲儿。为此，在制定计划阶段，必须明确资金计划和利润计划的具体构成。言简意赅地说就是，明确各部门应实施的项目会给资金和利润计划的金额带来多大影响，这一点很重要。

7-4-6　实际利润/资金与计划数值的差异

最后，笔者想围绕实际业绩与计划的差异分析进行说明。

计划数字分别落实到各部门后，利润、资金计划与实际业绩之间产生差异的原因也就变得清晰明了了。每个月都要明确是何种原因造成了包括前期预测差异在内的各项差异的产生，并事先采取相应的对策，这样能够加深各部门管理者对经营的理解，提高自身责任意识，并积极推进经营。

通常，利润差异分析可以分为：营业额增减导致的利润差异、变动费用增减导致的利润差异、固定费用增减导致的利润差异。这些差异一般还会进一步分解为不同产品的销售价格差异（计划定价与实际售价的差异）、销量差异、机种构成导致的利润差异（销售组合）、不同产品的计划与实际业绩的变动费用差异、固定费用差异来进行分析。

在这种一般的差异分析中，如果不知道是因为谁导致与计划产生了多少差异，就无法推进经营。因此，比如：如果是变动费用中的直接原材料费用，那就针对不同编号产品、不同材料分别制定出合理化计划，如由设计部门进行的合理化、由制造部门的成品率提高而推进的合理化、采购部门实施的合理化等，这样就能够把握各部门能够实现多少。对比、确认各自的实施计划和实际业绩，对于推进经营十分重要。

关于资金，应以现金流量表为基准，围绕营业现金流、投资现金流的内容，分别明确各个部门的计划差异。比如：如果是库存削减计划，就应该将差异按照不同部门分解为采购部门的原材料库存削减的计划差异、制造部门的在制品库存削减的计划差异、销售部门的产品/商品库存的削减计划差异，并加以明确。

将计划落实到各个部门，明确实际业绩和预测之间的差异，制定并推进措施使计划完成，这就是经营的推进管理。

将这一做法固定化，提高各部门经营管理水平，提升工作质量，进而构建工厂良好的利润体制和财务体制。

经营管理层不能只关注事业前景，在经营推进方法上，也应时刻保持明确的姿态和理想状态，为实现工厂目标，以强大的领导力使工厂向前迈进。

第 8 章

培养人才是工厂经营的责任

人才是经营的资源。特别是在海外据点，人才在经营本地化、成本竞争力的强化、切实展开满足本地需求的业务等方面是很重要的要素。

在本章中，在强调海外人才培养的重要性的同时，还将围绕具体的人才培养方法进行阐述和说明。

在基于经营环境变化，明确下一步战略并制定、推进经营计划的同时，为求工厂可持续发展，经营者还应尽一项重要的职责，那就是人才的培养。

工厂需要的人才是能够自主认识到工厂经营课题以及针对这一课题施策的人才，是能够具体推进这些举措的人才，是能够依据工厂发展前景及方针谋求新型技术开发、新客户发掘的人才。工厂拥有多少这样的人才，决定了工厂经营的成败。这是因为，无论是使事业可持续发展，还是产生新资金，抑或是创造技术和产品，都要依靠人才。在有限的经营资源中，可以说，人才是最大的经营资源。

原本，培养自己的继任者从工厂的持续发展这一点来看，是经营管理层的责任。如果无法培养出能接过经营接力棒的人才，事业将无法存续。人才的培养对肩负工厂经营重责的管理者而言，是一项极为重要的使命。

8-1　海外经营的本地化

特别是在海外据点，人才培养的重要性非常高（图 8-1）。从“经营的本地化”这一视角出发，有必要用心培养出比日本本土水平更高的人才。那么，为什么必须要在人才培养上分配资源来推进经营本地化呢？其理由如下，希望这些答案能对你在海外据点的经营有所帮助。

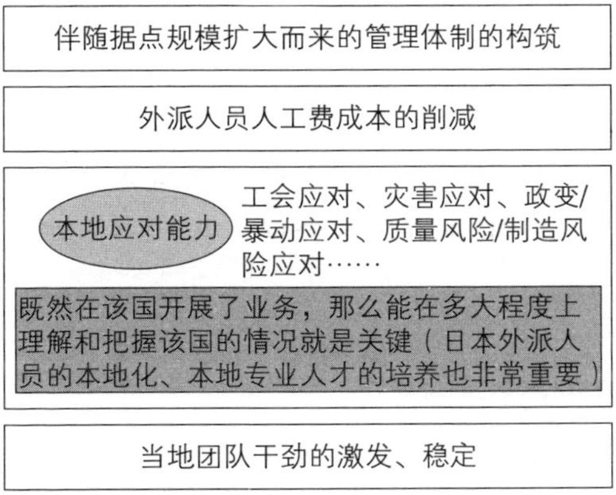

图 8-1　海外据点经营本地化的重要性

不可轻视的外派人员成本

第一个理由就是外派人员成本。日本外派人员的人工费不仅包括本地工资，还有日本方面支付给他们的国内工资以及在当地的住宿费用，在有些国家甚至还有车和司机的费用，这些费用都必须由海外的当地法人负担。用一名日本外派人员的人工费估计都能够雇用好几名本地人才了。在如今全球化价格竞争如此激烈的情势下，这些负担对海外据点来说决不轻松。

比如：笔者了解的某家日本工厂在中国的据点就曾发生过这样一件事。该据点经营持续赤字，如何摆脱赤字成为该据点所面临的讨论课题。实际上，该据点虽然营业额规模很小，但却有四名日本外派人员，这几位外派人员的人工费对工厂来说是巨大的负担。因此，该据点将四名外派人员减至两名。结果经营数据一下子就变成了盈利状态。

如果考虑到与没有外国外派人员的本地生产商之间的成本竞争，那么如何减少日本外派人员使经营实现本地化，就是一项极为重要的课题。

依据本地情况推进经营

还有一个重要的原因，就是为了能够推进扎根本地的经营。让本地人才参与经营管理，因为他们能如实地反映本地情况，而且他们还有不少本地的人脉。所以，他们对问题的应变能力要远远高于日本外派人员。

比如：让我们试想一下发生火灾和水灾等灾害时的情形。熟知本地情况、与本地相关机关和从业者都有联系的本地经营领导者的工厂，和全是不了解本地情况的日本经营领导者的工厂，两者在灾后的复兴速度方面会产生巨大的差异。另外，在对工会问题的应对方面，能由本地人才作为经营领导出面交涉的工厂，和做不到这一点的工厂之间，大多数情况下，结果都会有巨大的差别。

在中日两国的关系即将破冰之际又发生反日运动的时期，能有一名本地人才作为经营领导出面积极处理和应对的工厂，遭受的损失会极少，即便受到一点损害也能很快恢复。能在多大程度上了解本地的情况，在推进工厂经营上显得极为重要，从这一点来看，也可以说经营本地化是必然之举。

说点题外话，要想依据本地情况推进经营，还需要求外派到当地的日本人必须思考工厂自身能够在多大程度上融入当地。已经有一部分工厂开始在事业开展国的当地进行专业人才的培养了。为能在海外顺利地开展事业，必须了解本地风俗习惯、人脉、该国的制度等。从这个意义上来讲，日本人的本地化也非常重要。不过，在此基础上培养能够肩负工厂经营重任的本地人才，将成本考虑在内，会更为有利，也更快捷。

应对本地需求，扩大事业版图

为扩大事业版图，就必须开发出更契合本地需求的商品。为了应对本地需求，在经营的同时进行诸如产品开发等本地化推进措施必不可少。商品的使用方法、客户需求、客户对品质的要求，各国都有所不同。

当然，因为使用环境不同，无法使用日本本土的质量评判标准及设计标准的情况多有发生。如果是不了解本地情况的日本人，则会难以察觉和找出质量风险，如果不能灵活地利用本地人才，依据本地情况进行应对，那么扩大事业的期望就无法如愿以偿。也就是说，要想推进扎根于本地现状的经营活动、谋求事业版图的扩大，能否尽早实现本地化是关键点。

意义感和人才固定化

以上围绕推进本地化的必要性进行了阐述，实际上推进本地化最大的理由是，把担负工厂经营的核心位置委任给本地员工，在激发他们或她们对工作的意义感上是最为有效的策略。

从提高人才固定化这一点来讲，越是人员流动频繁的地区，经营本地化的意义也就越大。因为这体现了自己在这家工厂有没有成为经营领导者的可能性，以及该工厂是否有让优秀的本地人才发挥所长的空间。

因此，日本的经营领导在明确打出经营本地化方针后，如何细致彻底地教导本地员工经营的根本，并能使他们或她们将来成长为本地经营的核心，也是日本经营领导者的职责。

特别是近年来，生产基地向海上转移的发展迅速，为应对新兴国家的巨大需求，各公司的海外据点都在逐年扩大规模。

成长为如此庞大的组织，如果经营管理责任还全都由日本人掌握，会很难应对变化。也就是说，如果不加速对能够管理工厂的本地人才的培养，会跟不上事业版图扩大的速度。

当然，人才培养的重要性不仅限于海外据点。在日本国内也同样重要。正如本章开头所说，人才是最大的经营资源，无论是创造技术，还是产生资金，都需要通过人才得以实现。

8-2　人才培养的方法

但是，有很多经营领导者虽然想要培养人才，但不知如何进行。特别是在海外据点，外派人员很多都是作为讲师赴海外研修的，所以全都特别忙碌，没有余力进行人才的培养。那么，具体应该如何进行人才的培养呢？

8-2-1　结算讨论会正是学习的场合

作为学习经营知识的场合，笔者最希望大家能够利用起来的就是每个月的结算讨论会。可以说这个会议无论是在日本国内还是在海外据点，都是让预备人才学习经营知识的绝佳场合。在结算讨论会上，在了解工厂整体的经营数字该怎么看的同时，还会讨论实际业绩与计划产生差异的原因是什么，另外，产生差异的是哪个部门、是因为哪项举措进展延迟了或开展得不好而造成的结果。实际上，只要弄懂了这些，就能加深对应该管理哪些内容的理解。

另外，倾听各部门负责人分别公布的各自部门的结算内容，能让人才理解何谓经营。如果预备人才能够为了实现经营目标数值而围绕具体的措施内容进行讨论，就能理解经营数值和现场措施之间的关系。预测出无法完成计划时，如果能让他们探讨应该采取怎样的措施，进行经营管理的实践，针对工厂面临的课题主动预先打出对策，那么通过这些经验，他们不仅能学习到利润和资金的构成，还能学到保证计划数字完成的重要性及为达成计划推进管理的方法。

在平时的结算讨论会中，让各部门负责人公布各自部门的结算报告，让他们理解工厂整体的数字之间的关系，在管理方法的学习及经营上有着巨大的作用。

重要的是，经营负责人要时刻牢记这一点，并开展人才的培养。能不能做到这一点，在成果上会产生巨大的差异。如果报告会仅是公布工厂整体的经营结果数据，然后就结束会议，就失去了结算讨论会本身的意义。包括对未来经营的预测在内，让预备人才通过部门结算，围绕差异原因及为保证计划完成而采取的提前措施进行讨论、报告，就能使他们理解为了保证计划数字的达成，必须推进、管理哪些问题。

特别是，在组织细分化的日本工厂中，不了解经营整体情况的人越来越多。如果连自己的工作和经营有哪些联系、影响都不知道的话，就无法想出恰当的措施，这样一来，在工作范围极广的海外据点，将无法胜任经营领导者的职务。正因为如此，平时这种学习经营知识的实践场合才显得极为重要。

8-2-2　什么才是更有效的研修

如果是有一定规模的公司，会为员工准备学习不同职能专业知识的研修以及不同级别的研修。包括海外据点等在内，这种研修项目如果不能由工厂自行准备，很多工厂就会让员工参加外部研修机构等举办的研修。

在这类研修中，确实也有一些真正有效果的，但也有一些仅是听听讲座，充其量也就是进行了研修而已。实际上，只要去验证一下研修结果，就会发现这些研修很多都只要求学员写些感想和报告，是人事部门为了提高自身业绩而举办的，并没有真正的效果。

要想让人才在有限的时间内系统地学习，研修这一形式确实有效，但是，研修运用何种方法、能在多大程度上对经营实践有所帮助，非常重要。从这个意义上讲，推进人才培养的事务部门——人事部门必须要认真探讨如何才能组织出有助于实践的研修。

从笔者的经验来看，相比较而言，课题研修型的升职候补者研修效果较好。这种研修一般都会让学员对从工厂整体的经营课题到自己部门应解决的课题有所认识，甚至会让学员们提出具体的课题解决策略并加以实践。因为在升职前，能否站在升迁职位的立场上恰当地找出工厂面临的课题，能否自主思考解决这一课题的对策，能否率领团队进行实践，是最重要的。研修成果也会与学员最终能否升职挂钩，因此学员会努力采取各种措施，研修的活动结果也会变为直接的经营成果。而且，这种研修还能够让学员认识到升职后自己应该如何去做，所以作为国内外通用的人才培养方法，是很有效的。

不过，这类研修的指导者——上层领导者如果不能正确把握工厂自身及自己部门的课题，或是不知道应该如何处理，就无法进行适当的指导。所以应该在研修中加入能够对各个步骤进行合理指导的团队成员，该成员要能把握经营课题和自己部门的课题的步骤、制定解决课题的计划的步骤、推进其进行实践的步骤、报告最终结果的步骤等。建立推进方法和推进体制是能否举办有效研修的关键。

把握现场数据

由于工作关系，笔者有机会在多家工厂以培养将来负责工厂经营的人才及外派海外的候补者为目的，帮忙举办过研修活动。在这类研修中笔者准备的资料，不只是与一般的经营基础知识相关的文章，还一定会使用能反映该工厂具体情况的资料。比如：经营数字和经营计划、平时使用的每月经营管理资料等，如果是生产厂商，则还会使用生产现场等的现场研修素材。之所以这样做，是因为这样的研修就不会再是普通的研修，而是让学员能将所学知识立即在工厂内部运用、开展的研修。

另外，在外派候补者研修中，还会根据研修内容，对海外工厂进行经营监察和经营诊断。所以会在研修中加入以下内容：在把握该公司的经营数字的同时，把握保证经营数字的现场的问题和课题，制作出总结应该如何加以改善的报告，并召开报告会。

这种做法能够在学习经营的基础知识的同时，把握实际的经营现场发生的问题和课题，所以研修效果极好。只要看一看被指出的事项，就会发现对外包公司的信用管理不当，保险的投保不足等，只凭日常海外工厂提交的月度报告资料无法全面地发现问题。另外，从对资产负债表（B/S）的健全管理的视角来看，在学习了经营的基础知识后，对于现场资产管理应如何处理的问题，也能在考察现场时想象出具体的方法并找出更实际的改善方案。

另外，虽然有以下情况的人为数不多，但如果进行监察和诊断的海外工厂正是自己即将赴任的预定地点的话，那么用这种做法就能在赴任前把握将要面临的课题。这样不仅能够消除外派候补者的不安情绪，还能在外派前想出应改善的事项后再赴任，所以获得了外派候补者的一致好评。

应将工厂自身事例作为素材

上述内容是针对经营整体的研修进行的举例说明，无论是哪种主题的研修都要尽可能地以工厂自身的事例作为素材，然后马上能在实践中开展的研修效果会很好。

笔者所属的咨询公司非常擅长对销售、生产、质量等现场相关的问题进行指导，所以会接到很多关于采购培训及 VE（Value Engineering）研修、质量、生产效率的提高等的委托。无论是哪种研修，如果是在工厂内举行，就会以该工厂正在从事的业务为基础进行研修。

比如：如果是质量研修的话，就以实际发生的质量问题为材料，让学员们学习制定具体对策的方法和对策的横向展开方法。如果是 VE 研修的话，就实际针对自己工厂的产品提出降低成本的想法，甚至从中选取一些好点子进行实践。如果是提高生产效率的研修，就将样本部门作为实践场所，在现场进行实际改善。这样的研修结果就能与具体的经营成果挂钩。这种研修获得高度评价的原因是，研修内容与工厂自身业务内容直接相关。

在这里笔者想说的是，研修要尽可能地以能应用到实际中的形式展开，希望大家牢记要进行实践性质的研修。人事部门既不是拥有专业职能的专业人士，也不是经营管理的专家。作为经营者，最重要的是要深刻认识到工厂自身的人才课题，并对应如何培养人才的方针做出指示。

8-3　培养专家

8-3-1　支援海外过程中的技术知识传承

在海外据点，遇到仅靠外派人员无法应对和解决的问题，一般会向日本及母公司的团队申请业务支援。从海外据点的立场来看，无非是希望支援者能将拥有的技术知识传承给本地的团队成员，使本地成员能够自主实践。这就是专业技术知识如何移交到本地人员的问题，也是培养具有专业知识的人才的重要因素。但在这一方面，各工厂做得都不是很完善。以下是比较常见的案例。

某工厂的海外据点在新产品投放生产时，从日本总公司派来了大量日本员工进行支援。换句话说，他们就像是该领域的专家团队，旨在帮助新产品顺利投产。

但事情远没有那么简单。第二年，同样是在另一个新产品即将投产的时期，本地的团队成员中没有一个人掌握和学习到了产品投产的技术知识，所以只好再一次请求日本方面的支援。

本来，从日本来的支援者们的最大作用就是培养本地团队。但这些被派来的支援者中几乎没有专业的指导者，所以会发生很多像这个事例中提及的情况。

为避免此类事态的发生，应事先明确提出希望支援者对本地的哪些人员教导哪些内容。比如：如果是申请表等书面文件，重点是在文件内容中不能只写上“支援投产”，而应把“希望能将投产相关的技术知识教授给谁”都写进去。

再次重申，前来支援的日本人的作用，并不是自己将现场的问题解决，而是将自己掌握的解决问题的方法传授给本地的团队。在支援人员回国时，还要让学员汇报学了什么、学到多少等学习情况。

专业技术知识的传承在培养专家和实现本地化这两方面，都至关重要，可以说是人才培养的又一支柱。

8-3-2 显性知识化、手册化是关键

专业职能人才所具有的技术知识是工厂竞争力的源泉之一。这些技术知识的传承在保持工厂竞争力方面，是极为重要的因素。特别是要想将经验、感觉、窍门等所谓的隐性知识化的技

能传承下去，必须将这些知识变得可视化，也就是在显性知识化、手册化的同时，使传承方法和指导方法变得体系化。

在日本国内，因为二战后出生的人都到了退休年龄，现场技术知识未得到传承而问题频发。因为那些具有专业技术知识的人员退休了，关于技术知识传承而引发的问题极多。比如：无法应对新产品投产时的质量问题，产品发售被大幅延迟；成品率持续恶化让现场人员劳心劳力等。

在开设海外新工厂以及将生产基地转移到海外的时候，与此相关的技术知识能否被顺利地传承，是决定经营成败的巨大因素。因此，经营者必须要关注这些专业技术知识该如何被传承。

本书内容并不是对技能传承方法的解说，详细的方法请各位读者阅读相关专业书籍，本书中，笔者仅简单地介绍一下传承方法。

笔者在为工厂的海外拓展做支援工作时，事先一定会围绕以下内容进行准备："手册化和指导方法、检验方法的确立""以事先构筑指导体制为目的的人才培养"。这样做能够事前制定出使本地领导指导新进员工，并进行恰当培训的体制。这一做法是从量产首日开始就按计划生产 100%优质产品的必备要素。

另一个重点是，开始量产时，将技术知识完全手册化并制作成视频形式。通过把技术知识等做成视频，不仅作业顺序和作业窍门都能简单易懂地被表现出来，还易于理解。制作视频时的关键是，哪里是作业窍门，以及如何将之简单易懂地表现出来。另外，还要对指导的窍门和判断、确认能否正确开展的方法进行讲解（图 8–2）。

1. 选择作为指导基准的手册化的对象业务

2.单位业务（要素作业）的分解和作业要点、弱点的提取

3.手册化（显性知识化）

可在实际中应用的手册化（标准作业手册、标准业务指导）
→可视化（视频）手册化、各种管理形式、学习情况的确认/检查表等（能同时表现出业务的窍门/要点的视频手册、照片等的业务手册、发生问题时的检查表等）

4.指导的实践和判断

图 8–2　手册化（显性知识化）的推进步骤示例

上述内容是在进行作业指导时的例子，虽说是专业技术知识，但其实这些知识的继承方法基本上没什么不同。总而言之，关键就是如何才能将之很好地显性知识化，如何才能按计划推进技术知识的传承。为此，如何才能尽可能地将经验、感觉、窍门等所谓的隐性知识变为显性知识，如何才能将技能和技术恰当地传承下去，培养出能够讨论、指导这些问题的专家才是重中之重。

第 9 章

重建经营的举措

——在泰国的实践案例

要想推进经营改革，重要的是在推进改革时，时刻在头脑中构思改革的脚本，即思考从何入手、通过何种过程、采取何种姿态。在本章中，笔者将把自己实际经历的实施经营重建的事例的一部分介绍给大家。

至此，我们围绕经营的基础知识及其具体的实践方法进行了阐述。在本章中，作为推进经营的具体事例，笔者将把自己作为经营负责人赴泰国任职时，在泰国的生产工厂实施经营重建的事例的一部分分享给大家。通过这一事例，大家会对前文说明的经营的根本——现金流经营的概念有一个更为具体的理解。

去实质上破产的公司赴任

首先，先介绍一下事例的背景。笔者赴任的工厂，是当时笔者所属的日本知名生产厂商和当地伙伴工厂在 1979 年合并后成立的生产工厂。其后，随着生产的扩大，1991 年修建了新工厂厂房并将公司搬迁至了新址。

本来，此时应该增加资本，但由于没有得到伙伴工厂的增资（当时公司必须持有 50% 以上泰国方面的资本，所以日本不能单方面地进行资本增加），工厂借款进行了新厂房的建设、搬迁。结果，从那以后，工厂因背负巨额负债，只能勉强维持经营，工厂的盈利全部用于了偿还利息。

而且，工厂连年赤字，陷入了资不抵债的境地，成为了实质性的破产工厂。在这种状态下，新投资及新产品的开发都无法进行，就这样束手无策地眼睁睁看着工厂的经营每况愈下。

之后，工厂与伙伴公司交涉成功，日本方面作为 100%出资人，更改了工厂名称，重新成立了新的子公司。笔者正是作为这个新公司的经营负责人去泰国赴任的。不过，虽说日本方面是 100%出资，但出资额仅为固定资产。运营资金及新的投资资金只能靠贷款，所以工厂还是负债经营。而且工厂员工都来自原公司，所以工厂氛围也没有变化。

“昏暗”“肮脏”“拥挤”

我就任后对工厂的第一印象就是“昏暗”“肮脏”“拥挤”。所到之处堆满了物品，连下脚的地方都没有。库存的原材料上积满了灰尘，闲置设备和金属模具遍布生产现场。问过安全生产负责人之后，得知每个月平均会发生三起生产事故（工伤）。去生产线视察后，笔者又发现次品满地，废料区的废料和垃圾堆积如山。

工厂不仅债务重，还到处是杂物，连花钱购买的物品上都积满了灰尘，大批堆积在废料区。即便如此，员工也仍未意识到事态的严重，形成了见怪不怪的氛围。这可真是破产工厂会有的样子。日本总公司有将这里作为全球化战略下的亚洲工厂的意图，但以笔者刚就任时的感想，认为这“简直是天方夜谭”。

涂上油漆，自主发现异常

就任第一天，笔者首先做出的指示就是，让员工们在50台冲压机中，选出一台，然后自己涂上油漆。不过，在涂油漆时有一个要求，那就是可以涂上自己喜欢的颜色，但颜色一定要鲜艳。

一开始，员工们在两台冲压机上涂了漆。这两台机器颜色鲜明，非常显眼。当然，既然已经涂了这两台，如果不将其他冲压机全都涂上油漆就会显得很不搭调。正好在笔者就任后的4月份，是佛历的新年（泼水节），泰国国内放假连休，员工们就利用这段时间，在其余的冲压机上全部涂上了油漆（图9-1）。那几天笔者看到了大家兴致勃勃地涂油漆的样子，激动地觉得说不定改革也许真能成功，那种感觉至今仍记忆犹新。

所有的冲压机都涂上油漆后，地板的脏污开始变得很显眼。于是，员工们就自发地开始为地板刷油漆，接着又给墙面刷了新漆。笔者最初的指示是，只选出一台冲压机刷上油漆。但是，以此为契机，生产厂房竟然旧貌换新颜了。

图 9-1　涂上了油漆的冲压机

通过最初在两台冲压机涂上鲜明的颜色，员工们自主地将其余冲压机都涂上了相同的颜色。

涂油漆的目的在于创造一个能够察觉到异常的环境，也在于创造一个整理整顿的基础。为了涂油漆，必须要舍弃掉不需要的东西。如果想给地板刷油漆，就必须划分出放置物品的场所并划出界限。这样一来，就创造了整顿工作的基础。

让员工在卫生间感受到变化

在涂油漆的同时，笔者还带领工会的负责人一起巡视了卫生间。当时，在女性员工较多的装配部门，笔者看到了公告板上的一则告示：部门中唯一一间男卫生间在每天下午 4 点半之后会改为女卫生间，所以这个时间后，男性员工就需要到其他楼层使用卫生间。当笔者询问工会负责人这是怎么回事的时候，工会负责人回答我说：“这个部门的女性员工有一百多名，但女卫生间只有四个。下班时间是下午 5 点 15 分，为了能赶上 5 点半的班车发车时间，下午 4 点半过后，女性作业员就会按顺序离开生产线去上卫生间。”如果卫生间不仅数量少，还肮脏不堪，就无法建立轻松自如的工作环境。

当时，工会和工厂经常处于对立的关系，再加上每年都会为涨薪、奖金的交涉而引发劳动争议，所以在工会大会上对工厂方面的谴责和非议几乎是一个常态。

于是，笔者带着工会负责人一起巡视了员工卫生间。针对卫生间的实际情况，工会负责人询问了之前都做了哪些工作、是否真的将工会成员的心声传达给了公司。不久后，所有的卫生间都换上了鲜艳的颜色。虽然花了不少资金，但在卫生间数量不足的部门增设了很多卫生间。由此，给员工们留下了“成立新工厂后就是不一样啊”的印象。

利用清扫改变公司

以这种举措为开端，笔者在第一年进行了以彻底“扫除”为基础的经营改革。因为扫除是最好的人才培养方式。笔者本想开展 5S 活动，但仓促间难以成形。所以笔者首先打着“扫除”的口号开始了改革。笔者认为，如果是工作人员，那么只要注意到为什么螺丝会掉，为什么会漏油就可以了。但如果是经理级别以上的领导者，则必须进行彻底的资产扫除、损失扫除。

在上述的工厂中，有过多的闲置设备和金属模具，这些闲置物品成了作业人员受伤的原因。因为零部件库存堆积如山，作业人员无法得知什么东西放在哪里。这样，作业人员不仅在找东西时费时费力，也无法进行细致准确的库存盘点。假如作业人员以为没有库存了而追加了订单后，才发现本以为没有了的库存又找到了，或者是原本应该有的物品由于没有妥善处理，结果造成需要时却找不到，从而使财产管理处于全然没有头绪的状态。对于这种情况就必须从 5S 的基础——整理、整顿开始进行认真的改革。

正如笔者在第 3 章中所述的，整理就是将必要和不必要的物品加以区分。所以在泰国的工厂，笔者首先让员工们把闲置设备和金属模具全部拿出来。结果整理出了庞大的数量（图 9-2）。

另外，由于新工厂的名称已经改变，所以剩下了很多印有原工厂名称的印刷品，不良品频出（印刷品中单独包装、使用说明书、商品标签非同一工厂名称）。将印有原工厂名称的印刷品全部拿出来后发现，这也是一个惊人的数量（图 9-3）。

图 9-2 不必要的设备和金属模具

作为整理工作的开端，清点、集中不必要的物品。

图 9-3 被保管起来的盖着罩布的印有原公司名称的印刷品

接下来进行的是整理不必要资产、清除货架的活动。我们在第 3 章不厌其烦地重申，货架只是让资金闲置的道具而已。只要有货架，就会使放置、拿取货品的工作量增加。货架是在损失上又产生新损失的道具。所以，笔者命令员工们将货架尽可能地从现场清除出去。在间接部门，还进行了文件的整理，结果发现不必要的文件有 400 本之多。仅靠清理不必要的文件，就使该部门的工作效率大幅优化。而且暂时也不需要再购买文件夹了。

通过这些活动，我们彻底清理了空间。当然间接部门也包括在内。首先取得的效果是工伤的急剧减少。产品质量也提高了。效果立竿见影。

将不良资产转换成资金

在这里，笔者想和大家分享一个有趣的事情。笔者在新工厂成立时，购买了投影仪。因为使用投影仪，在向员工展示照片时会较方便，在向员工进行说明时的效果也比较好。

但在当月的成本讨论会上，各部门在做报告时居然全都使用了 OHP（幻灯机）。这是因为，在这家曾负债数额巨大的工厂中，完全没有进行过 IT 化的投资，所以大部分人都没使用过 PPT 等会议演示文稿软件。

在那次成本讨论会上，笔者进行了如下讲话。

“大家为什么不用投影仪呢？使用投影仪，既能展示照片，又能让所讲内容简单易懂。而且也不再需要用幻灯片。说起来，一张幻灯片多少钱？”

“8 泰铢。”

“今天用了多少张？在讨论成本削减的会议上，还出现这种成本损失是不应该的！”

从那以后，工厂迅速地推进了 IT 化改革。这其中大概有一个原因就是，员工们都觉得，如果在下次会议时还使用幻灯机做报告，就会被领导批评产生了损失吧。当初，会使用 PPT 的成员，1000 名员工中只有数人而已，但在下个月的成本大会和结算讨论会上，全体员工都能够使用 PPT 进行文稿演示了。泰国特有的相互协作精神如此可见一斑。

但如果所有会议都使用投影仪进行文稿演示，就必须有高性能的电脑。当时工厂的电脑全都是一些老型号，遇到一些文件较大的照片等会经常显示不出来。所以，现场员工就提出了希望能够添置新电脑的要求。

笔者听到员工提出这个要求时，认为这是一个让员工理解资金重要性的绝佳机会。所以笔者毫不迟疑地说：

“把清理出来的不必要资产全部转换成现金吧！就用换成现金的那笔钱来购置电脑。”

于是，员工们就开始着手将不必要的资产转换成现金。大家变卖了不必要的老旧设备，甚至还有能卖点价钱的废铁，就这样转换了不少现金。至于图 9-3 所示的印有原工厂名称的印刷品，在获得了各经销商的认可后，在原工厂名称的位置贴上贴纸，从而使 90%本应废弃的印刷品得以继续使用。这些都是本地员工自己实践的举措。

笔者最大的目的是让员工们理解资金的重要性，并让他们有了“所有物品都是资金”的意识。所以，转换成资金的那笔钱全都按他们的希望购买了电脑。也就是说，那些本应扔掉的东西都变成了新电脑。

利用库存的大幅削减使网络资金变为盈余

前文中讲述了第一年度笔者让全体员工进行的活动是“扫除”。每个月月初，我们都会在全员参加的综合早会上，发表扫除竞赛的结果，获得第一名的部门会将自己实施的改革内容向全体员工进行汇报，以作为全体员工的参考。每过一个月，笔者就又能如愿听到库存又减少了、又腾出不少空间等汇报。

比如：在生产部门。当时，源头工程与其他工程之间对生产计划的联动性较差，源头工程生产出来的在制品零部件不仅产生了较大库存，还占据了极大的空间。平板车上的货品都堆成了山。

因此在第一年度，我向该部门提出了首先将在制品库存减半的目标。要求他们一边把腾出来的空间用绳索拦上，不再放置物品，一边继续推进减少库存的活动，并在每个月的结算讨论会上汇报活动进展。

于是，虽然距离目标还差 5%没有完成，但第一年度还是实现了 45%的在制品库存削减。在资金方面，网络资金赤字的计划最终变为盈余，制造生产周期也缩短了一半（图 9-4）。

图 9-4　在制品库存的削减示例

打造一个易于发现异常情况的工作环境

在削减在制品库存的同时，还要推进对库存放置地点的高度的限制。这样就可以打造一个视野良好的工厂车间。就这样，虽然进度缓慢，但整理、整顿工作的基础逐渐完成，并逐渐形成了易于发现异常情况的职场环境和氛围。

比如：笔者只需一边巡视工厂车间，一边用手去指，负责人就会明白哪里存在问题。

笔者重点巡视的是工厂车间的后面以及休息室。原本在人们看不到的地方堆积如山的闲置资产、废弃资产，现在都被清除了。这正是笔者不断对员工重申“不想让别人看到的物品，要放在最显眼的地方”的成果。

另外，我们还彻底进行了“固定位置管理”，以确定物品的放置地点。实施这一管理是为了让员工认识到，没有划线的地方如果有物品存放，就是异常情况。

缩短生产线长度、站立作业

在这一系列的举措中，最难开展的就是将坐着作业变为站立作业。

以前车间是将生产中不需要的零部件放在生产线旁边。但开展了整理工作后，在清除了这些东西的同时，由于限制了生产线旁边供应的零部件数量，作业者之间的操作间距变短了。所以进行了站立式作业的尝试。缩短了作业者之间的间距后，相邻的作业者开始对作业延迟互相帮忙，生产线的作业间不平衡的损失也自动减少了。同时，站立作业化使操作速度提高，生产效率也得到了大幅提高。

原本，目前的工厂车间中，除了一些特殊工序需要进行坐式作业等，基本都应是站立作业。在坐式作业中，不仅作业动作的范围狭窄，操作速度也很慢。在激烈的全球价格竞争中，如果这么慢悠悠地进行作业操作，那么肯定会在全球化竞争中以失败告终。

但是，要想将这种大家都习以为常的坐式作业一下子改变过来，需要花很大功夫。一开始员工们怨声载道。在气温近40℃的最炎热的季节，在没有空调的工厂车间让员工站立作业，当然会引起大家的不满。

实施站立作业的第一天，虽然一开始是以站立作业开始操作的，但员工们很快就感到疲劳了，全体员工又都开始坐着作业。站立作业化的实施没有任何进展，所以负责生产车间改革的团队把作业人员的椅子都搬走放到了别的厂房，但当天就又被作业人员都搬了回来。于是忍无可忍的车间改革团队就在移到别的厂房的椅子上用喷雾剂喷上了颜色，这样这些椅子被搬到了哪里就一清二楚了。这样的对抗持续了一段时间。

推进站立式作业的时候，在综合早会上笔者向员工们说明了站立作业的好处，比如：与坐式作业相比，站立式作业对腰部的负担更小，作业效率更高等。虽然得到了员工们一定程度的理解和认可，但员工们还是觉得以前一直都是坐着作业，现在却要整整一天都站着作业，脚太累了，所以不想那么做。

工会负责人呼吁大家的配合

于是工会负责人也参与了进来。在工会大会上，工会负责人号召和呼吁全体员工配合推行站立式作业。一直以来指责和非难工厂的工会的立场发生了巨大的转变。

以此为开端，工会开始着手解决在推行站立式作业时工会会员的不满情绪。

首先增加了大量的制冷饮水机，解决了之前饮水机不足的问题。员工站立作业时会出汗，需要补充水分，但大家却一直都只能喝温热的水，也就产生了喝不上冷水的不满。另外，员工站立作业时容易疲劳，但却没有休息场所。对于这一点，工厂尽可能地增加了休息用的椅子。

图 9-5　坐式作业变为站立式作业

部门管理员制作了站立作业推进计划，分时段地推进站立作业。比如：最开始是每天早上一小时和下午的一小时进行站立式作业，第二周开始增加时间段，上午和下午的十分钟休息时间后再追加一小时站立作业，这样逐渐增加站立作业时间。按照这样的步骤，从开始实施站立作业算起，仅用四个月，就彻底完成了站立式作业的改革（图 9-5）。

与站立作业并行推进的，是缩短传送带长度的举措。缩短间距，使传送带的长度大幅缩短（图 9-6）。这真是全员参与的工厂车间改革的开端。

图 9-6　传送带长度的缩短示例

之后，工厂车间改革开始加速进行。各个部门一边接受改革团队的指导，一边确定改革课题并开始实施。工厂还开展了以细胞式生产方式为代表的生产方式。为减少非劳动时间，员工们利用空余空间设置了准备用于下一次模型生产的零部件的预备区，缩短了四分之一的机种切换时间，引进了简易型的看板方式。

冲压部门也以缩短金属模具的替换时间为目标，学习了线外、线内换产准备的相关知识，改善模具替换时间、并缩短到了以前的三分之一。还开展了工程改善，制作了各种各样的夹具，提高了质量和作业效率。

对零部件的外包装形式也着手进行了改革。以往的外包装主要是以纸壳箱为主，不仅拆包装时使用的裁纸刀会成为工伤的主要原因，触碰易积灰尘的纸壳箱还会把手弄脏，进而导致商品也沾上灰尘。将货品拿出纸壳箱以及将纸壳箱折叠收好，也会造成一定的工作量。另外纸壳箱最终还需要被移放到废料区。

所以，在供货商的帮助和配合下，通过能够将零部件快速拿取出来的周转箱等方式，大幅降低了纸壳箱的使用量。

零部件仓库也发生了变化。由于确定好了位置号码，所以哪个位置有什么零部件就变得一目了然。进而寻找零部件的工作量大幅降低，也能够正确地进行盘货工作。

在推进此类改革的背景下，工厂还实施了一系列培养人才的举措，如：讨论损失及其改善方法的学习会、各部门的实践案例报告会等。至少，各部门的负责人已经认识到了必须改革生产车间这一观点，自主推进改革的意识也已萌芽。

规划改革的脚本

在推进经营重建时，最困难的就是从何入手开始进行改革。

至于笔者所述的这家公司，起初也是物品被堆得到处都是，车间昏暗狭小。所以，为了能够易于发现异常情况，笔者对员工们做出了“只需选出一台冲压机即可，在这台冲压机涂上油漆”的指示。并以此为契机，推进了整个工厂的整理、整顿工作，帮助公司形成了能够自主改善的氛围和工作环境。

作为肩负经营重任的负责人，能够立即把握哪里存在问题很重要，但更进一步需要费心的是，规划如何开展改革的脚本。从一开始就一味地提倡公司应有的理想状态，是无法获得员工的共鸣和理解的。首先应该做出指示，实施能够让现场的作业人员和员工自觉发现问题的举措，然后确认发现了哪些问题。只要发现了问题，下一步就能向现场人员提出问题，让他们思考应该如何去做。这一系列行动的连续化非常重要。

乍一看，这种做法或许会花很长时间。但是，只要全体员工都能理解并推进改革，就能形成推进工厂经营的基础。所以，即便一开始会花不少时间，也要规划好改革的脚本和蓝图，并据此一步一步切实推进改革，从结果来看，这种做法才是捷径。

第 10 章

推进经营的过程中应注意的事项

本章，会在回顾前文说明的内容的同时，对推进经营的过程中应注意的事项重新进行整理和总结。其中还包括容易被人们忽略的风险管理的视角。事先明确能够预想到的风险，确认是否在保险投保上有遗漏，以便在发生特殊情况时能够从容应对，这一点非常重要。

至此，我们以现金流经营的视角为中心，围绕经营负责人应该理解、实践的要点进行了解释说明。相信各位读者已经理解和掌握了如果自己将要肩负经营重任时，应以什么视角推进经营。

本章，我们会在对前文的内容进行回顾的同时，对推进经营的过程中必须注意的事项重新进行归纳和总结。希望各位在将要担负经营重任的时候，能够认证检查本章中的项目，构筑推进经营的基石。

10-1 现金流

如本书在前半部分的内容中反复重申的，要想使事业可持续发展，其根本就是通过现有业务创造资金，然后将创造出来的资金用于下一步成长所需的投资，进而创造出更多资金。这就是现金流。首先应该搞清楚资金是如何周转的。

现金流中应该具体掌握的事项为：①营业现金流是否为正？

②投资与折旧费之间的平衡是否合理？③自由现金流是否持续为正？④借款的返还、红利的分配情况如何？（图 10-1）。

现金流中应确认的要点

①营业现金流是否为正
②投资与折旧费之间的平衡是否合理
③自由现金流是否持续为正
④借款的返还、红利的分配情况

图 10-1　现金流中需确认的要点

下面进行详细说明。现金流经营的根本，是依靠现有业务创造现金，所以营业现金流必须为正。如果该数额为负，不仅说明现有事业无法创造现金，工厂原有的现金也在不断减少。如果工厂没有足够的现金，就必须要更快速地筹集资金，但是由于财务体制恶化，资金筹措本身会变得很困难，所以公司就会陷入危险境地。

关于投资现金流，只把折旧费作为指标即可。这是因为，投资金额只要在折旧费的范围内，税后利润和运转资金削减的部分就能作为自由现金流保留下来，也就能用于借款的返还、红利分配、下一步战略投资的原始资金。不过，如果要开展现有事业外的新业务、增设新据点，就没有这种限制了。话虽如此，但对于投资新项目的判断，多久之后能够回收原始投资，事先必须要进行充分的查证。

③中的自由现金流，是营业现金流减去投资现金流得到的差额，在推进经营的过程中维持这一项数额为正，非常重要。负数的自由现金流如果成为常态，则事业越是持续下去，越会使工厂流失现金。这样一来，资金早晚会无法周转。

财务现金流这一项，最好能够通过④中的借款返还和红利分配等使该数值为负数。

10-2　成长性

如果营业额逐渐下降，则事业的持续展开将无望。“入账”资金减少，则只能控制和减少“支出”资金，如果这一状态持续下去，最终甚至会难以确保员工的雇用。正因如此，对能否确保工厂成长性进行确认是必不可少的。根据不同事业形态，应关注的要点主要有：①营业额和市场占有率的变化，②总需求和单价的变化。关于①，让我们来看看不同市场各自有什么课题，并根据不同类型和地域检查确认营业额和市场占有率是如何变化的（图 10-2）。

成长性上应确认的要点

①营业额和市场占有率的变化
②总需求和单价的变化

图 10-2　成长性上需确认的要点

如果②中的需求本身逐渐下降，那么就必须针对事业的发展方向进行探讨，是通过大幅提升市场占有率来确保其成长性，还是将事业转向其他的成长领域？用图 6-8 的占有率图表对市场占有率进行确认。在高附加价值商品市场，如果占有率下降，则因为机种构成的恶化而导致利润低下的可能性很高，所以必须对商品构成、市场构成进行确认。通过确认从商品的生命周期来看的目前商品所处的位置、从项目/投资组合/管理（PPM）一览表来确定的业务定位，面向工厂的成长对事业发展方向进行定位。

10-3　利润

利润是创造现金最重要的一个项目。利润本身的价值自不必说，确认工厂是否拥有能够切实提高利润的体制非常重要。另外，在利润管理上，还必须确认能否恰当地把握住应把握的要点，并以提高利润为目的开展应采取的措施。具体地说，应对以下几点内容进行确认。

▼ 整体利润的变化

要想把握工厂是否拥有创造利润的体制，就要制作第 5 章中所述的变动盈亏表，并观察其变化。在此基础上，观察盈亏表（P/L）的变化，如果盈亏分叉点下降，则需要确认变动费用率和固定费用的变化如何，不同费用项目分别有哪些问题，整体利润率是否提高了（图 10-3）。

在整体利润变化上需确认的要点

①盈亏平衡点是否下降
- 变动费用率的变化
- 边际利润率的变化
- 固定费用的变化

②各费用项目的问题点

③整体利润率是否提高了

图 10-3　整体利润变化上需要确认的要点

通过盈亏表（P/L）的变化进行确认。

▼ 不同业务、商品、销路的收支及对策

在主营业务上，很多工厂都是经营多种商品。所以，把握业务构成、商品构成、经销商构成，即哪种商品、业务存在问题，哪个经销商存在问题等，并基于此施展对策，这一点很重要。

具体来说，必须要检查以下项目：①是否了解及掌握了不同业务、商品、经销商的收支情况？②是否基于机种构成、业务构成恰当地把握了利润构成？③是否针对赤字及低收益的业务、商品、经销商采取了具体的改善措施？④找出边际利润为负的产品、商品，并制定改善策略。⑤对于边际利润为负的经销商，是否采取了终止交易及提高售价等对策（图 10-4）。

不同业务、商品、销路的收支和对策方面需确认的要点

①对不同业务、商品、经销商的收支情况的把握

②基于机种构成、业务构成对利润构成进行把握
是否以机种构成优化为目的采取了相应措施及讨论?

③是否针对赤字及低收益的业务、商品、经销商采取了具体的改善措施?

④边际利润为负的产品、商品
是否采取了终止销售等改善策略?

⑤边际利润为负的经销商,
是否采取了终止交易及提高售价等对策?

图 10-4　不同业务、商品、销路的收支和对策方面需确认的要点

▼ 原材料费、订货费的合理化

变动费用中，最大的一项就是原材料费用及订货费用。所以，要想降低变动费用率，首先要确认是否已经进行了这些合理化活动举措。具体来说，要确认以下几点：①是否已将原材料合理化计划按照不同原材料产品编号、不同进货方进行了分解？②对于原材料合理化计划的实际业绩进展情况，是否进行了管理？③各个不同部门是否（不同购买、技术、制造部门）都建立了合理化计划并已推进实施？④一次性扣款的值差、援助金是否反映在了不同机种的成本上？⑤合理化计划额能否在下调的售价之上（是否以市场需求为优先，设定了合理化目标额）等（图 10-5）。

原材料费用、订货费用的合理化方面需确认的要点

①将原材料合理化计划按照不同原材料产品编号、不同进货方进行分解

②对原材料合理化计划的实际业绩进展情况，进行管理
是否是按照不同原材料产品编号、进货方进行的?

③各个不同部门（不同购买、技术、制造部门）合理化计划的有无及实施情况

④一次性扣款的值差、援帮助金是否反映在了不同机种的成本上?

⑤合理化计划额
是否在下调的售价之上? 是否以市场需求为优先，设定了合理化目标额?

图 10-5　原材料费用、订购费用的合理化方面需确认的要点

特别是⑤中是否建立了在下调的售价之上的合理化计划，原材料费用率上升，其上升比率相应的部分会导致利润率的恶化。当然，下决心以价格战略获取市场占有率也是一个办法。这一方法的原理是：虽然边际利润率大幅削减，但可依靠营业额的增加确保边际利润面积。但是，价格竞争中，其他工厂通常也会下调价格来与之对抗，所以很多时候都以使边际利润率下降草草收场。在建立利润计划时，计划好能够吸收和平衡“售价下调引起利润减少”部分的“因合理化增加的利润”是最基本的，对这一点的确认必不可少。

▼ 生产的管理情况

在推进提高生产率的举措时，首先必须要确认，是否认

真、切实地管理了原本应该在现场进行管理的事项，以及是否明确了管理基准（关于次品的问题会在后面加以叙述）。关于管理基础的时间管理，希望各位读者能够对以下事项进行检查。

①作业时间及设备运转管理、作为其前提条件的指定劳动时间及非作业时间的基准，②不同机种的标准工时和现场的时间管理工时之间的整合性，③作业效率（如果②没有建立，效率就会远远低于 100%，所以必须进行确认），④超出基准的非作业时间，⑤提高效率策略的具体对策等（图 10-6）。

生产管理情况应确认的要点

①作业时间管理、设备运转管理是否恰当？
作为前提条件，能进行实践管理的基准、指定劳动时间、非作业时间等基准是否明确？

②是否分别建立了不同机种的标准工时和现场的时间管理工时之间的整合性？

③作业劳动生产率是否远远低于100%？
（如果②没有建立，就会远远低于100%）如果远低于100%，是否采取了原因明确的对策？

④超出基准的非作业时间
内容、原因是否已弄清楚？是否采取了削减非作业时间的措施？

⑤有无提高劳动生产率策略的具体对策
各现场负责人是否已清楚地理解了该对策？

图 10-6　生产管理情况需确认的要点

▼ 成本管理

成本管理是通过掌握、了解不同产品的成本及不同部门的成本来进行利润管理的一个手段。某产品虽然产生了赤字，但不能单纯地终止销售，至少应通过成本管理发现问题、明确应采取措施的事项，如：有必要采取措施进行改善的产品是哪些？对目标成本合理化的实施情况如何等。从这个意义上来讲，必须对以下几点进行确认：①是否进行了标准成本计算？另外，税率的设定、修改是否恰当？②是否对新产品成本进行了管理？③成本讨论会等是否已召开？（图 10-7）。

成本管理需确认的要点

①标准成本计算
税率的设定、修改是否恰当？

②新产品成本的管理
与计划目标成本进行比较，各个新产品开发步骤，以及量产认定时间点、量产后能否达到成本？

③成本讨论会等
是否适当地召开、是否尝试推进了以降低成本为目的的管理？

图 10-7　成本管理需确认的要点

▼ 间接人工费及其他诸项经费

间接部门难以看出附加价值，加班常态化的部门也很多。这些最终都会导致间接人工费的升高。所以需要对业务的修正、人员的更替等进行探讨。另外，很多工厂会借着为员工续签劳动合同的机会，对工资体系进行修改。以此为基础，来确认：①人工费的增加及削减的举措，②削减动力费用等的措施，③其他诸项经费中是否有增加的项目等（图 10-8）。

间接人工费及其他诸项经费需确认的要点

①人工费
是否有所增加？是否在推进减少加班的举措？
是否进行了业务的修正？工资体系如何？有没有修改的必要？

②削减动力费用等的措施
节能对策的推进情况如何？

③其他诸项经费
有没有增加的项目？是否只保留了必要的费用项目？

图 10-8　间接人工费及其他诸项经费需确认的要点

▼ 经营损失成本

实际上，没有比经营损失成本更浪费的了。重要的是，将哪些项目看作是经营损失成本，为了削减这些损失成本，是否已明确制定了具体的计划和方案，是否已开始对其进行管理。因此，必须要进行确认的主要有以下几点：①是否明确定义了应进行经营管理的损失成本项目？②具体目标值的设定和各部门活动的落实情况，③具体削减活动的实施管理情况（图 10-9）。

经营损失成本需确认的要点
①经营损失的定义 是否给出了应进行经营管理的损失成本项目的定义（质量损失、废弃损失、物流损失等）？
②目标值和各部门的落实情况 是否制定了各项损失成本的目标值，是否将削减措施落实到了各部门活动中？
③具体削减的实施 削减计划的实行和进展管理是否完善？

图 10-9　经营损失成本需确认的要点

10-4　健全的 B/S 和资产压缩

资产负债表（B/S）的资产一栏，是工厂筹集的宝贵资金转换成资产形式的结果。因此，工厂经营者必须要确认工厂能否高效地使用资金，是否已将资产压缩，工厂资产的管理是否健全，该管理的基础是否完备等。

特别是如果花费宝贵资金购置的物品被废弃，或是产生了巨额存货资产的话，就会产生很多徒劳无益的管理费用及物流费用。另外还需要对供货商无偿提供的原材料等进行合理的管理。所以希望各位对 B/S 中的以下几点进行确认。

▼ B/S 整体情况

以资产的周转情况为中心进行确认。具体来说，必须检查和确认：①应收账款和存货资产周转天数的变化，②固定资产周转率如何（图 10-10）。

同时，③虽然是 P/L 中要确认的内容，但废弃损失等项目的计入表明资产没有被有效利用，所以检查资产管理状况非常重要。

B/S整体需确认的要点

①应收账款和存货资产的周转天数
变化如何?

②固定资产
周转率如何?

③废弃损失等的发生情况
废弃损失是在P/L中计入的项目，废弃损失发生的原因是由于资产管理的恶化，所以将废弃资产的发生原因从B/S管理的视角出发进行确认

图 10-10　B/S 整体需确认的要点

▼ 应收债权管理

应收债权管理是对资金周转影响最大的事项。即使作为日常的经营管理也是极为重要的事项。应具体确认的要点有：①应收债权的管理情况，②滞留债权的管理情况，③应收账款余额确认书的获得情况，④信用管理情况，⑤交易条件的修改情况等（图 10-11）。

应收债权管理需确认的要点

①应收债权的管理情况

②滞留债权的管理情况
应收账务清单、对策情况表、应收账款账龄调查表等

③应收账款余额确认书的获得情况

④信用管理情况
信用额度范围的设定、修改情况等

⑤交易条件的修改情况
是否进行了恰当的修改?

图 10-11　应收债权管理需确认的要点

▼ 存货资产管理

对于存货资产，如果不能对每天变动的资产进行认真管理，极易发生误算、滞留化、不良资产化。

削减存货资产的举措在创造资金的同时，还能成为提高工作质量的基础，从结果来看，还会提高利润。在此，我们将存货资产整体的视角，以及进一步观察细微之处时应检查的视角，分为（1）~（6）条，分别进行阐述。

（1）存货资产管理的整体

作为整体，需要检查下面的①~⑮。①B/S 和存货资产底账等数字是否一致，②存货资产底账与现有物品是否一致，③对无偿支付的原材料的管理，④恰当的盘货工作的实施，⑤库存误算的发生情况，⑥对库存误算原因的把握和对策，⑦滞留库

存的发生情况，⑧滞留库存定义的明确化和滞留库存的区分管理，⑨对库存年龄的把握并明确给出对滞留库存的处置、对策，⑩明确给出以削减滞留库存为目的的实施方针，并恰当地实行，⑪存货资产的废弃实绩，⑫废弃处置的合理性，⑬对次品的处置，⑭对废弃及存货资产的减记资产账面价值的经营损失成本进行的管理，⑮对①～⑭的举措的实施（图 10-12）。

存货资产管理整体需确认的要点

①B/S和存货资产底账等数字是否一致
②存货资产底账与现有物品是否一致
③对无偿支付的原材料的管理
　如果有无偿支付的原材料，那就需要确认每个月到手的保管证明书与收支账目上的余额是否一致
④恰当的盘货工作的实施
⑤库存误算的发生情况
⑥对库存误算原因的把握和对策
　是否实施了消除误算的对策并切实削减了误算情况的发生
⑦滞留库存的发生情况
⑧滞留库存定义的明确化和滞留库存的区分管理
⑨对库存年龄的把握和滞留库存的处置、对策
　是否实施了对库存的处置、对策，是否对滞留库存放任不管?
⑩明确给出以削减滞留库存为目的的实施方针，并恰当地实行
⑪存货资产的废弃实绩
⑫废弃处置的合理性
　事前探讨/审批、会审/照片拍摄/确认等
⑬对次品的处置
　是否对退货、废弃等进行了恰当地区分和处理
⑭对废弃及存货资产的减记资产账面价值的经营损失成本进行的管理
⑮对①～⑭的举措的实施

图 10-12　存货资产管理整体需确认的要点

（2）车间现场的存货资产管理

在工厂车间现场，不仅是在制品管理，对搬到现场的原材

料的管理极差的情况也很多。基于这一点，重点是对以下内容进行检查核实：①搬到生产现场的原材料库存、生产剩余的原材料库存，②包括工厂车间现场使用的附属材料等在内的库存管理情况，③应进行定量订货管理的资产管理，④次品的处置等。特别是对次品的处置，处置不当的情况随处可见。所以必须将之和施工作业每日简报中的管理内容一并进行检查确认(图 10-13)。

车间现场的存货资产管理需确认的要点

①搬到生产现场的库存
生产剩余的原材料库存等是否被闲置、放任不管?

②现场的库存情况
包括工厂车间现场使用的附属材料等在内的库存管理情况是否合理，能否进行一目了然地管理?

③应进行定量订货管理的资产
是否对补充要点进行了一目了然地管理，库存量是否过多?

④次品的处置
做废弃处理的物品数量的确认、手续、处理是否恰当?

图 10-13　车间现场的存货资产管理需确认的要点

(3) 原材料仓库的存货资产管理

实际上，是采取包括去原材料仓库进行抽样检查在内等方式，对以下要点进行检查和确认：①现货管理底账、货架标签等的账目记录是否正确，②出入库管理情况，③一目了然的库存管理，④保税部件的区分管理，⑤先入先出规则的实行，

⑥滞留库存的有无及管理，⑦替客户保管的库存管理情况等（图 10–14）。

原材料仓库的存货资产管理需确认的要点

①现货管理底账、货架标签等的账目记录
账目记录是否正确，是否与现货一致，生产记录中支出的实际业绩数值等是否妥当？

②出入库管理情况
从验收到入库，入库单等的发送是否恰当，出库、转让单的出具是否恰当，是否被随意提货出库（是否存在被随意提货的可能）？

③一目了然的库存管理
能否快速知晓库存数量，底账与实际数量是否一致？

④保税部件的区分管理
同一部件中如果有保税构件，是否已明确加以区分并保管，是否进行了恰当的出入库管理？

⑤先入先出规则的实行
是否采用了能够实现先入先出的物品放置方法？

⑥滞留库存的有无及管理
滞留库存是否一目了然，是否对滞留库存进行了管理？

⑦替顾客保管的库存管理情况
管理是否合理（特别是无偿支付的货品属于顾客的资产，要进行恰当合理的管理）？

图 10–14　原材料仓库的存货资产管理需确认的要点

（4）产品仓库的存货资产管理

应确认的要点基本上与原材料库存相同。可分为以下六点（图 10–15）。

①是否依据出货指示单办理了出货手续，②出入库管理是

否合理，③是否进行了一目了然的库存管理，④有无滞留库存，⑤滞留库存的明确化和管理，⑥退货处理规则。

产品仓库的存货资产管理需确认的要点

①是否依据出货指示单办理了出货手续

②出入库管理是否合理

③是否进行了一目了然的库存管理
是否已将当日出货的货品、出货地点等分别加以区分，使之一目了然?

④有无滞留库存

⑤滞留库存的管理
滞留库存是否一目了然，是否进行了滞留库存的管理?

⑥退货处理规则
规则是否明确，是否基于该规则进行了处理?

图 10-15　产品仓库的存货资产管理需确认的要点

（5）供货商、外包厂商的存货资产管理

因为向供货商及外包厂商无偿提供的原材料是工厂自身的资产，所以有必要对其管理情况进行确认。具体来说，需要确认以下几个要点：①将工厂自身无偿提供的原材料进行区分保管，②同一部件明确区分保税部件和非保税部件并加以保管，③一目了然的库存管理，④能实现先入先出的物品放置方式，⑤恰当的出入库管理，⑥库存量是否合理，⑦恰当的盘货工作，⑧库存误算的对策，⑨依据交易合同对库存误算进行处理，⑩上报的保管证明书与库存是否一致（图 10-16）。

供货商、外包厂商的存货资产管理需确认的要点

①将工厂自身无偿提供的原材料进行区分保管是否与供货商采购件混淆了？

②同一部件明确区分保税部件和非保税部件并加以保管，对出入库的管理是否合理

③一目了然的库存管理
能否快速知晓具体数量，与辅助总账等的账目数量是否一致？

④能实现先入先出的物品放置方式

⑤恰当的出入库管理

⑥库存量是否合理
通过标准使用量衡量和判断库存量是否合理

⑦恰当的盘货工作

⑧库存误算的对策
是否采取了合适的对策？

⑨依据交易合同对库存误算进行处理
是否进行了恰当的处理？

⑩上报的保管证明书与库存是否一致

图 10-16　供货商、外包厂商的存货资产管理需确认的要点

另外，关于无偿提供、支付，考虑到通过削减存货资产能够创造出现金，在消除资产管理的繁杂性方面，最理想的状态还应该是有偿化提供。除此之外，目前的无偿提供需要工厂必须先拥有一定的资金能力，所以必须要有计划地进行。

（6）废料的管理

在生产活动中，大部分的木材残余等都作为有价物品做废料处理。所以有必要尽可能地提高利用率，采取相应措施减少废料。废料也是资金转换成物品形式的重要资产，从这一观点

出发，希望各位读者务必对以下要点进行确认：①有价物品的管理，②依据各国环境法规等进行处理，③采取措施削减废料（图 10–17）。

废料的存货资产管理需确认的要点

①有价物品的管理
管理是否合理，是否对废料进行了分类收集，是否对重量等进行了合理把握，有价物品的出售单价是否合适？

②依据各国环境法规等进行处理

③采取措施削减废料
措施是否恰当？

图 10–17　废料的存货资产管理需确认的要点

有很多工厂对废料的产生漠不关心。特别是在对这些废料的出售单价的问题上，时刻关注汇率，进行合理交涉非常重要。

▼ 固定资产管理

固定资产，顾名思义就是购入后固定化的资产。正因为如此，投资判断就变得极为重要。用宝贵的资金购入的设备如果基本不运转、不工作，就无法回收投资额。为避免购入的设备陈旧过时，还必须在考虑到技术革新和进步的基础上进行判断。

另外，一旦进行了投资，如何尽早回收投资额也是重要的一点。将上述内容全部考虑在内，希望各位在投资前，能对以下事项进行确认。①合理地管理固定资产底账，②给固定资产管理进行编号，③确认 B/S 余额和固定资产底账、现货与账面数量是否一致，④取得新固定资产时进行适当的探讨，⑤经济耐用年限、折旧的设定内容，⑥闲置资产的有无，⑦闲置资产的废弃、出售实绩，⑧出售价格，⑨废弃、出售处理，⑩借给供货商等的设备、金属模具、夹具等的管理，⑪存款资产的管理（图 10-18）。

固定资产需确认的要点

①合理地管理固定资产底账

②固定资产的现货管理
是否给资产进行了编号，并贴上了号码牌，能否快速知晓资产编号？

③确认B/S余额和固定资产底账、现货与账面数量是否一致

④取得新固定资产时进行适当的探讨
价格、样式、回收讨论等是否恰当

⑤经济耐用年限、折旧
是否进行了合理设定？

⑥闲置资产的有无

⑦闲置资产的废弃、出售实绩

⑧出售价格是否合理

⑨废弃、出售处理
对事前的审批、会审、在固定资产底账上的反映等是否进行了恰当处理？

⑩借给供货商等的设备、金属模具、夹具等的管理
借给供货商时，对借出资产的管理是否合适，是否收到了保管证明，固定资产底账中是否记录了借贷的内容，是否定期对借出的资产进行了现货确认？

⑪存款资产的管理
对金属模具和检查夹具等保管资产是否进行了合理的管理？

图 10-18　固定资产需确认的要点

▼ 应付账款

因为是付款方，所以或许很多人会认为没有必要对应付账款都加以核实，与支付期限相比，进账期限越短，工厂在资金上会越宽松。也就是说，应付账款是筹措资金的一个手段，支付期限是重要的管理事项之一。另外，因为支付对象是部件的供货商以及外部订货厂商，所以有必要事先对这些收款方的QCD（Quality、Cost、Delivery）情况加以评估。如果部件的供应突然陷入停滞状态，就会影响工厂自身的生产销售活动，所以确认和了解供货方的经营状况十分重要。需要确认的要点主要为以下几点：①新交易方的审核手续，②付款条件的设定，③定期确认应付账款余额，④退货处理，⑤有无延期支付（图10-19）。

应付账款需确认的要点

①新交易方的审核手续
新交易中的手续是否完备?

②付款条件的设定
付款条件是否合理，企业自身的基准是否明确?

③定期确认应付账款余额
是否进行了确认，是否有余额不一致的情况，对原因的把握和对策的实施是否恰当?

④退货处理
退货处理进行得是否恰当?

⑤有无延期支付
是否存在支付延迟的情况?

图 10-19　应付账款需确认的要点

10-5　基本交易合同

对于经常性的交易，如果没有确定好基本的交易规则，可能会引发极大的问题。不确定好应该在何时，基于什么来申请付款、何时付款等，一定会在进行交易时招致混乱。与销售商、供货方等这些经常进行交易的对象，签署基本的交易合同是最基本的。鉴于此，希望大家在签署基本的交易合同时确认以下项目：①与经常往来的客户之间的基本交易合同的缔结情况，②基本交易合同的内容，③与质量保证、订货、接受订货相关的规则是否明确（图 10-20）。

合同中，如果没有事先确定好责任范围，之后一旦发生质量问题等就有可能产生纠纷问题。所以，一定要在出现问题前，缔结基本合同。

基本交易合同需确认的要点

①基本交易合同的缔结情况
与经常往来的交易方（销售商、供货方）都缔结合同了吗?

②基本交易合同的内容
交易条件（付款条件）、退货条件等的规定是否合理?

③与质量保证、订货、接受订货相关的规则是否明确，规则是否合理?
（包含在基本交易合同的内容中也可以，在基本交易合同之外另外签订质量保证合同等也可以。）

图 10-20　基本交易合同需确认的要点

10-6 经营计划

还需要进行确认的是经营计划。中期计划、年度计划都分别有几项需要核实的要点。

▼ 中期计划

中期计划必须要明确事业应有的发展方向，并明确指出为实现目标应采取的措施、应完成的事项，在进行经营资源配置的同时明确计划流程。关于制定合理化的中期计划，需要核实以下几个要点：①是否明确提出了中期发展前景和战略要素，②是否明确了实现战略的突破口，③中期计划的目标数字是否每年都会拖后（图 10-21）。

中期计划需确认的要点

①中期发展前景的明确
是否明确提出了战略要素，是否变成了目前经营延长线式的推测，是否对事业构成应如何改变有了明确的想法和立场？

②实现战略的突破口
是否明确了突破口，为实现战略，是否明确了推进体制和推进计划，能否掌握和了解其进展情况？

③确认中期计划的目标数字是否延期
中期计划的目标数字是否每年都会延期？

图 10-21 中期计划需确认的要点

特别是③中的中期计划目标数字如果出现每年都拖后的情况，中期计划很可能会沦为空谈，无法开展具体的策略，这一点应引起重视。

▼ 年度计划

年度计划是推进日常经营的基础。制定出能够保证和支援资金计划、利润计划的年度计划很关键。鉴于此，在年度计划中应重点确认和检查的要素：①是否明确提出了年度计划，②年度计划（年度事业计划、年度预算）是否按不同部门分别开展并实施了具体项目，③每个月的进展管理是否已经成形，④资金计划、利润计划是否与部门计划联动了起来，等等（图 10−22）。

年度计划需确认的要点

①年度方针的明确化
是否已明确提出年度计划方针，上一年度应该反省的问题、目前事业所面临的课题、应对环境变化的课题是否明确，是否明确提出了为实现计划而开展的措施的要点？

②各部门具体项目的开展
年度事业计划及年度预算是否按不同部门分别对具体项目进行了展开，计划的实现是否有保证？

③每个月的进展管理

④资金计划、利润计划与部门计划的联动

图 10−22　年度计划需确认的要点

10-7 依据计划推进经营

年度计划的完成是每个月计划达成的累积。在日常推进经营的过程中，遵守每个月的计划才是根本。这一点完全取决于各部门如何按计划推进措施，如果预测到计划无法完成，就必须事先拿出能够使计划顺利完成的对策。

针对到上个月为止的实际业绩与计划之间的差异，拿出相应的对策也很重要。因为如果上个月的实际业绩数值未达到计划数值，就必须建立补救计划并加以推进。

▼ 月度结算和推进策略管理

月度结算中的推进管理是否在合理地进行，需要根据以下几项进行查证：①月度结算讨论是否合理，②各部门分别实行的全公司推进管理是否恰当，③是否主动提前地进行了经营管理，④为完成月度资金、利润计划，事前的对策指示内容和目标分配是否合理，⑤预结算的预测精确度高不高，⑥月度计划能否完成等（图 10-23）。

▼ 资金管理

如果没有资金，事业就会立即陷入停滞状态。正因如此，资金是最重要的管理事项。从依据计划进行日常的资金管理这一观点来看，需对以下几点进行确认和检查：①是否制作了资金周转表，②资金实际业绩、预测是否与计划一致，③资金对策是否合适，④能否按计划确保自由现金流为正，⑤投资审批时的判断、手续是否恰当，⑥新的借款、增资等审批规则是否明确（图 10-24）。

月度结算和推进策略管理需确认的要点

①每个月合理地结算讨论
能否正确把握利润差异、资金差异，是否拿出了对策，对出席月度结算讨论会的人员安排是否合理（结算讨论资料的确认和讨论内容的确认）

②各部门分别实行的全公司推进管理
是否对各部门每个月实施的事项的进展进行了管理，是否与结算讨论资料等相联动？

③主动提前的经营管理
是否合理地进行了预结算预测，并基于此进行了事前的对策管理？

④为达成月度资金、利润计划推进管理
为达成计划，是否进行了事前的对策指示和目标分配？

⑤预结算的预测精确度
预测精确度高不高（预测精确度较低的话，说明没有正确管理好应管理的事项）

⑥月度计划完成情况
计划能否完成？

图 10-23　月度结算和推进策略管理需确认的要点

资金管理需确认的要点

①资金周转表的有无
是否制作了资金周转表，资金周转困难时是否制作了日周转表并加以确认?

②资金实际业绩以及预测
是否与计划一致?

③资金对策
事前的预测是否合理，在筹措资金时是否考虑到了资金筹措成本，剩余资金是否闲置（是否用于借款的返还）?

④自由现金流
能否按计划保证其数额为正?

⑤投资审批时的判断、手续
投资判断是否恰当，是否已确认审批文件等?

⑥新的借款、增资等审批规则
规则是否明确?

图 10-24　资金管理需确认的要点

▼ 质量

关于质量，最重要的也是要确认是否每月按计划推进了管理。需确认的要点如下：①是否设定质量目标为具体的数值，②是否制定了具体的质量计划，③对各个质量计划的进展管理和对质量目标的实际业绩管理是否合理，④各项不良率［市场不良（产品被投放到市场后出现的质量问题）、工程不良（产品在生产过程中出现的质量问题）等］是否有所下降，⑤是否查明了不良品发生的原因并采取了防止其再次发生的策略，⑥是否对质量损失成本进行了定义，该数值与经营损失中质量损失成本的数值是否一致，⑦将市场不良及工程不良区分为新产品、现有产品，两者是否分别切实得到了减少，⑧是否根据不同要因对造成不良的原因加以区分，并反映和体现在了相应的对策上等（图 10-25）。

以上项目是为了削减质量损失成本，对每个月应推进的管理项目进行的举例。在制作合理的质量计划的同时，如果能使推进/管理固定化、形式化，就能使质量损失成本大幅降低。

质量方面需确认的要点

①用具体的数值设定质量目标
②具体的质量计划的制定
③对各个质量计划的进展管理和对质量目标的实际业绩管理
是否适当地开展了质量会议、质量结算等的管理?
④各项不良率（市场不良、工程不良等）的下降情况
⑤对不良品发生原因的查明以及防止其再次发生的策略推进情况
⑥质量损失成本的定义及其与经营损失成本中质量损失数值的一致性
⑦市场不良及工程不良的区分，不良品的减少
是否将不良区分为新产品/现有产品，两者是否分别切实地减少?
⑧根据不同要因对造成不良的原因加以区分及不良的对策
造成不良的原因是否已区分为设计、制造、构件、物流等不同要因，并针对不同要因分别提出了对策?

图 10-25　质量方面需确认的要点

10-8　劳务管理、人才培养

在推进经营的过程中，最重要的经营资源是人。合理的劳务管理以及人才培养也可以说是推进经营的基础。笔者对关于这些人事管理、劳务管理、安全、人才培养中应加以确认的事项进行了总结，具体如图 10-26 所示。

人事管理、劳务管理、安全、人才培养中需确认的要点

▼人事管理

①是否确定了就业规则，并对其严格地遵守（就业规则是否依据各国劳动法等劳动关系法规进行了制定？），外派人员对该内容是否理解了（指海外据点）？

②雇用合同是否合理，雇用时是否签署了信息安全相关的保密协议？

③承包合同是否合理，是否为变相合同？

④出缺勤管理是否在合理地进行？

⑤出勤率及离职率情况如何，是否采取了提高员工稳定性的对策？

▼劳资问题

①劳资关系是否良好，是否发生了劳动纠纷、拒绝加班、罢工等？

②是否实施了能够构筑良好劳资间关系的举措？

▼安全

①工伤的发生情况如何，是否遭受了停业损失？

②是否组建了安全委员会等组织，该组织是否发挥了职能？

③是否采取了防止灾害再次发生的措施和对策？

▼人才培养

①人才培育体系是否完备，是否按计划实行了？

②是否实施了经营本地化的举措（指海外据点）？

③下一任经营接班人候补是否明确，是否按计划进行了培养？

图 10-26　人事管理、劳务管理、安全、人才培养中需确认的要点

10-9　风险管理

在推进经营时，必须预想到多种经营风险。事先预测出这些风险，并进行合理的应对，可以说这样的做法在降低经营风险方面极为重要。为此，有很多工厂都采用了 BCP（Business Continuity Plan）、BCM（Business Continuity Management），在此，笔者想向大家举例说明：防备风险时最低限度地应该实施事项的确认项目。

▼ 风险和管理事项

首先需要确认以下事项：火灾、洪水、地震等灾害，以及产品安全、诱拐、政变、流感等危机管理，劳务问题（罢工、毒品）、环境问题、信息泄露（机密事项）等风险管理事项是否明确，另外能够做出正确应对的体制、组织架构（包括指导手册）、教育培训、定期检查等是否完备。

特别是海外据点，根据每国国情来讨论风险对策十分重要。如果是治安较差的地区，则必须要预想到诱拐及抢劫等情况，还有必要事先确定应对这些风险的对策。

▼ 非常时期的体制

必须事先明确非常时期的体制，并对这种危急关头的应对进行训练。确认这些项目是否已经实现和完成极为重要。需要确认以下几项：①非常时期的联络网、应急预案是否明确，②联络网、应急预案是否合适，③联络网和应急预案是否为最新版本，④指导手册是否配齐，是否定期举行了培训训练等，⑤训练及资格认证等是否遵循法律法规等。特别是在海外据点，离职者较多，非常时期的应急预案有可能无法发挥作用，所以要经常确认体制的可用性和事先进行训练。

▼ 保险的投保

受灾时，为了尽可能地减少损失，事先参保极为重要。灾害都是突然发生的。如果没有投保，灾害发生时就有可能连确保工厂恢复和重建的资金，以及应对停止营业时的资金需求都无法如愿，使事业陷入停滞状态。

在海外据点，会有在日本国内有保险、在当地却没有的情况。另外，还有能参保的险种很少的情况。即便如此，从防灾的视角出发，还是要参保应该参保的险种。在此需要大家确认的主要有以下几点：①工厂财产以及有管理责任的物品是否已经全部参保，②与 B/S 余额相比，是否存在遗漏或未投保的部分，③出租资产中有合约责任的资产是否已经投保，④借出去给外包生产厂商等的金属模具、设备的投保责任是否已在合同中加以明确，⑤存货资产的保险额是否超过了高峰期的库存量金额，⑥利润保险的投保金额是否合理，⑦生产物资赔偿责任保险是否已投保，⑧保险的投保情况能否快速确认，⑨是否都签署了保险合同，合同是否有期限（图 10-27）。

本章中，笔者在向大家介绍经营推进时，叙述了需要确认的事项。这些事项都应在推进健全经营时做好准备。希望大家能够理解经营的根本——现金流，务必要检查、确认是否存在不完备的地方。只要采取措施应对这些不完备之处，就一定能够建立起强劲、稳固的经营基盘。

风险管理中需确认的要点

▼风险和管理事项
火灾、洪水、地震等灾害，以及产品安全、诱拐、政变、流感等危机管理，劳务问题（罢工、毒品）、环境问题、信息泄露（机密事项）等风险管理事项是否明确，另外能够做出正确应对的体制、组织架构（包括指导手册）、教育培训、定期检查等是否完备

▼非常时期的体制
①非常时期的联络网、应急预案是否明确
②联络网、应急预案（包括成员）是否合适
③联络网和应急预案是否为最新版本
名单上是否还记载着离职者等的名字?
④指导手册是否配齐，是否定期举行了培训训练等
⑤训练及资格认证等是否遵循法律法规

▼保险的投保
①工厂财产以及有管理责任的物品是否已经全部参保
②与B/S余额相比，是否存在遗漏或未投保的部分
③出租资产中有合约责任的资产是否已经投保
④借出去给外包生产厂商等的金属模具、设备的投保责任是否已在合同中加以明确
⑤存货资产的保险额是否足够或超出了高峰期的库存量金额
⑥利润保险的投保金额是否合理
⑦生产物资赔偿责任保险是否已投保
⑧为快速确认保险的投保情况，是否制作成了一览表并定期确认
⑨是否都签署了保险合同，合同是否有期限

图 10-27 风险管理中需确认的要点

第 11 章

赴海外工作时必须注意的事项

想实现事业的成长、发展，就要在全球范围内进行市场的扩大，所以工厂无论何时进军海外都不足为奇。赴海外工作时总是伴随着不安，但赴任前只要掌握了应学习的事项以及从前任手中继承的事项，赴任之后感到迷茫的事情就会大幅减少。

本章，将围绕赴海外工作时应注意的事项进行解释说明。

为迎合新兴国家的需求，各公司都在增设海外据点。所以突然被任命赴海外工作的情况也增多了。但是，如果是第一次赴海外工作，大部分人都应该会感到不安。本章为大家总结和整理了赴海外工作时应注意的事项。这些事项不仅对于赴任方，对于派出方、接收方而言也是有参考价值的。

11-1　日本的常识并非世界的常识

在日本，买东西付钱是常识。但在一些新兴国家，如何才能不付钱、如何才能尽量拖延付款才是常识。在利率高的国家，如果稍微拖延一段付款的时间，光是利息就会产生巨大的差额。如果按日本的常识来考虑，认为到了付款日期当然会收到账款，并按此进行资金操作，那么有可能会迎来意想不到的破产危机。所以不能跟日本国内的情况相比，而要对信用管理及债权管理多加注意。

另外，在新兴国家，不正当的经营行为也极多。甚至指导工厂消除不正当行为的人事部长也会有不正当行为。因此，要在不正当行为是存在的这一前提下进行经营，否则工厂会遭殃。事先应调查出该国有哪些不正当行为等信息，并研究如何发挥查证机能，这是最重要的。

不过，如果只关注这些不正当行为，就会完全无法信任员工及交易方，进而厌恶该国。那样就绝对无法在当地实现良好的经营。如果观察、了解了他们/她们成长的环境，从某种意义上讲，甚至可以理解不正当行为反而是理所当然的这一点，并在此基础上正面面对这些行为，这才是最重要的。

反过来说，如果没有对经营产生较大影响，对有些不正当行为，就要睁一只眼闭一只眼地放任过去。只要明确了应检查的资金相关的事项，并启动牵制机能，就没问题了。

11-2　赴任前应学习和掌握的内容

确定了要赴海外工作之后，就应该在赴任前学习和掌握一些内容。这些内容就是该国习惯、文化、宗教。既然要在该国工作，就有必要了解和掌握这些内容，并对此采取尊重态度。因此，可以说学习和掌握与习惯、文化、宗教相关的常识是必须的。

比如：伊斯兰国家的人每天要做五次礼拜，作为义务每周五还要举办集体礼拜日。另外，在禁食——斋月的月份从日出到日落不饮水、不进食是常识。如果无视这些习俗，经营将无法开展。所以，在斋月要求员工加班会很困难，考虑到这一点，必须要讨论将生产计划提前等对策。

另外，如果是大部分国民都对国王抱有极深敬意的国家，还必须注意发言中一定要避免提及国王，以免对国王不敬。如果不小心失言了，很可能会引起罢工等问题。

在有些国家，一定不要在众人面前批评员工，而要单独进行谈话。在重视脸面的国家，这是必须注意的常识。

虽然有些内容是日本人无法理解的，但理解各个国家不同的历史、文化、教育、道德之后，再采取行动，是赴海外工作时必须要注意的事项。如果不这样去做，会无法正确理解员工的行为、语言的真正意义。

记住应遵守的法律法规

另外，对于劳动法及会计法等在该国经营中必须遵守的法律法规，要事先记住一些要点。特别是如果没有理解和掌握劳动法相关的法令，就有可能在无意间做出不合法的指示。

我们在第 8 章人才培养的内容中也曾提及过，日本人能够在多大程度上实现本地化，决定了经营能否顺利地进行。理解当地情况是必然之举。

同时还应该注意的是，如果赴海外工作，通常会在职位上有所升迁，工作范围也会大幅扩大。也许以往是只了解设计及制造相关的工作内容即可，但到海外赴任后，从筹资到出货、从质量对策及利润管理到人事劳务管理等都必须插手。在理解经营根本的同时，还必须事先学习和掌握就任的职位所必需的知识。

在现实中，能有计划地培养赴海外工作的外派人员的工厂少之又少。站在外派者的立场来看，赴任前夕能学习和掌握多少相关知识是重点，但大多数情况下都会由于时间关系而难以学到很多知识。如果没有学习和准备的时间，那么笔者建议你去拜访相关部门，总结并记录下业务上应管理的要点，然后带着这些资料去赴任。

事实上，在本书中，笔者之所以对推进实际经营时的实践要点做了如此多的记录，就是为了给突然不得不肩负起经营重任的人在推进经营时提供参考。

实际上，无论你事前做了多少调查和准备，都不足以应付一切。到当地赴任后一定还需要一边拼命学习，一边推进经营。

即便如此，是带着准备好的在推进经营时所必需的知识和技术赴任，还是两手空空地赴任，会在之后的经营活动中体现出巨大差异。因为在赴任当地，很多时候连日本原版书籍都难以买到，即使想在当地学习也几乎没有人能教给你。请务必在赴任前尽可能地努力学习有可能用得上的知识。如果没有时间，可以像上述的那样收集一些必要的技术知识，并将这些记录下的资料带去赴任。

另外，要想与当地员工进行交流，学习当地语言就变得非常重要。想一下子掌握一门外语是很难的，但只要能说一些单词，能够与当地的团队成员进行对话即可。语法等可以以后再学，要先学习和掌握一些单词。这在与当地团队成员拉近关系上的意义重大（图 11-1）。

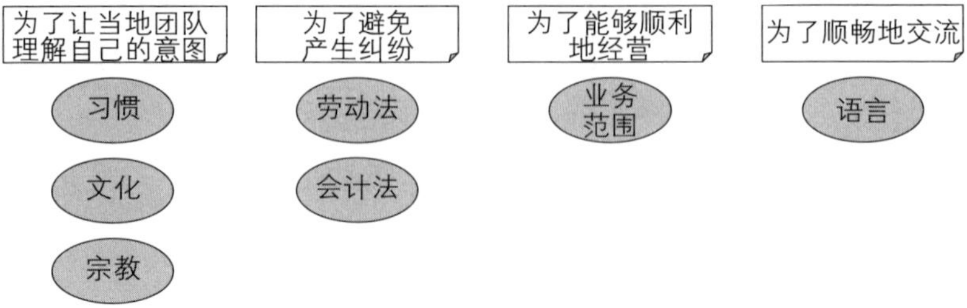

图 11-1　赴任前应学习掌握的项目示例

11-3　工作交接时应确认的事项

在事先进行学习的同时，还有一件极为重要的事情，那就是如何正确地与经营负责人进行交接。在海外据点，并不会像在国内一样，每天都在同一地点一起工作，所以不太清楚工作内容的情况很多。如果是在国内，有不懂的事情即使是继任之后也能立即询问前任负责人。但在海外据点不可能做到这一点。因此，前任负责人将手中的业务准确、完整地传给继任者就显得极为重要。如果可能，最好事先整理出应该要确认的内容，然后让继任者试着处理。

作为继任者，接任时不能忘记让经营继续下去的视点。如果继任者无视以往的做法，不仅会给当地团队造成困扰，还可能引发较大的问题。从这点来看，准确、完整地交接工作很重要。

在图 11-2 中，总结了编写交接书时的主要项目示例。下面就针对其中应该特别留意的事项进一步详细地阐述。

（1）劳动工会关系

如果没有了解和把握当地情况，就会引发大问题——工会问题。甚至还会陷入生产停滞的局面。在赴任前，必须对该国的劳动法等相关法律法规以及赴任地点的就业规则等进行确认。因为，如果不知道这些法律法规，就会犯下错误，如做出了违反法律的发言以及无视法律规定的回复期限等，有时甚至还会引发较大的问题。

<经营数字整体>
・中期经营计划、年度事业计划（包括中期方针、年度方针）
・B/S、P/L、现金流、资金周转表
・月度结算以及前期预测
・经营课题和对策并行的进展情况
・长期滞留库存明细
・个别成本表（不同商品、不同经销商的不核算产品编号列表）
・主要经营管理指标及情况
・折旧费的方法、固定资产总账
・优惠税的内容及优惠税附带的事项
・目前为止的检查报告、税务调查等内容
・会计法等相关法规

<组织、会议>
・组织架构表、主要人才的经历/评价
・审批规则（审批规定）
・定期例会一览（会议目的、主持人、出席者、频率/时间）
・主要会议议事录，各会议中的课题及讨论事项、确认的必要事项等

<人事关系>
・就业规则、考勤体系、通勤手段/班车时间等
・工资体系、奖金等的标准，人事评价内容
・当地人才的培养、教育计划体系，人才录用计划、升职计划
・出勤率及其他、人事主要课题及应对、目前为止的惩罚内容
・各种公司辅助内容、工伤保险、社会保险等，医院、医务室及其他
・日本人工资关系（含税）
・劳动法等相关法律法规

<工会关系>
・工会体制和不同成员的特点
・目前为止与工会之间的协议事项、争议内容
・劳资协议
・相关政府部门、相关法规

<总务、环境相关及其他>
・自卫消防队等体制、非常时期的联络网、避难训练的实施情况等
・风险应对计划的内容
・各种保险的投保内容
・废弃物的处理情况、土壤污染的调查及其他
・不正当行为的内容及应对

<备货相关>
・主要供货商列表、交易条件（支付条件）、地址、产品编号、责任人、负责人
・基本交易合同、质量保证合同
・构件质量不合格等、各个供货商的实际质量情况和对策
・各个供货商交货期的守时率、价格的可协商程度等
・收货验货内容和标准
・实施合理化、生产周期的缩短、原材料库存削减等举措的内容

<生产、生产管理相关>
・生产计划制定的周期、规则
・生产计划的制定方法，构件订货方式等（包括体系概要）
・生产计划和实际业绩，运转率、效率、成品率的情况
・工时合理化、劳动率提高、质量改善等的实施情况

<销售相关及其他>
・主要经销商列表、交易条件（支付条件）、信用额度、责任人、负责人
・应收债权管理方法
・销售价格的定价方法（包括转让价格）
・目前正在进行中的内容
（新的交易方、要求提高价格的经销商、预计终止交易的经销商等）

<质量相关>
・质量损失和内容
（市场不良、工程不良、零部件质量不良、修改损失、投产损失……）
特别是关于市场不良的内容、对策情况
・质量计划和实施内容

图 11-2　业务交接书中应编入的项目示例

关于工会体制（包括上层团体等）以及成员的特点，过去的劳动纠纷的内容和应对方法，也必须进行详细确认。在确认加薪奖金、福利条件等过去交涉的内容的同时，还必须确认产生劳动纠纷时的处理手续。另外，最重要的是要确认劳资协议会以及福利委员会等的议事内容，还要理解会议讨论的内容是什么级别的。前任负责人务必要将应对工会时应特别注意的事项、为防止事态恶化的处理要点等相关知识和窍门交代给继任者。

（2）人事评价

经常出现问题的是，如果有经营负责人的更换，人事评价体系也会发生巨大变化，这成为导致当地团队不信任公司以及离职问题等的主要原因。人事评价作为经营改革的一环，虽然会发生变化，但首先要认真确认/理解人事评价和涨薪、奖金的评价标准/确定方法等内容，并在此基础上制定出让当地团队成员接受和满意的人事评价体系，这是最基本的。

（3）人才培养

笔者在第 8 章中也曾提到过，在海外据点最容易产生问题的就是无法按照计划进行当地人才的培养。这既是经营本地化的重要课题，也是外派人员的责任之一。关于当地经营的核心——应朝哪个方向培养当地人才，如何让本人同意并接受这一培养方向，目前的培养情况如何等，必须要从前任负责人那里做好交接才行。因为如果做不到这一点，就有可能会无法培养出能作为经营核心的本地人才，或失去优秀的人才。

（4）其他人事问题等

在海外据点，会直接面对在日本根本想象不到的人事问题。比如：员工的吸毒问题、与犯罪组织相关的废弃物处理等，有时还会出现如果日本人出面便会遇到危险的情况。在继任的时候，要对这些人事问题和应注意的事项加以确认。另外，不仅在工作方面，在生活方面的注意事项也应向前任负责人请教。

（5）非常时期的应急预案

有时在刚刚继任不久后，就有可能发生火灾等不知道如何应对的严重事态。所以应该在交接时确认好非常时期的应急预案、联络网等。而且，在接任后，必须马上检查这些体制能否发挥正常机能。特别是退休人员较多的工厂，非常时期的应急预案表中所记录的人员已经离职，不再在工厂工作的情况也时有发生。

（6）目前为止的税务调查等内容

在海外据点，让负责人头疼的事情还有一件，那就是在税务调查中被要求追加征收税金。这种情况也可以由当地员工出面处理，但有时候交涉的结果并不理想。另外，不同国家在交涉方法等方面也有一些小窍门。因此，对于在以往的税务调查中重点指出的事项以及交涉方法，也应在交接时确认清楚。

（7）经营数字和负面遗产的交接

对于经营数字，如图 11-2 所示，必须要对经营数字整体的项目进行交接。特别是对于其中的负面遗产的交接一定要明确。如果工厂存在未回收的应收账款，就要明确应收账款的具体内容、目前的交涉情况、准备金的账目计入情况、滞留资产的内容、不良资产的内容、质量问题等。特别是产品投放市场后出现的质量问题，有可能在将来引发更大的问题，所以，重要的是要确认目前现有的对策，包括是否在账面上预留出一部分应对突然情况的准备金等。

要想切实、准确地进行交接工作，重要的是事先整理出需要交接的事项，列出需核实的清单，防止发生遗漏。而令人感到意外的是，事情过后却不清楚是怎么回事而难以应对的情况很多。因此，事先将想要确认的交接事项妥善地发送给前任负责人，让其准备好相应的交接和确认事项，这一点很重要。另外，明确全工厂需完成的业务交接事项，并准备好检查核实清单，也是一个有效手段。这样一来，就能够确认交接工作是否切实地完成了。

11-4　交流的重要性

在赴任的国家能否做出一番事业，取决于当地的员工对社长及经营负责人的方针是否能够理解并付诸行动。而且为了避免劳动纠纷的发生，平时与当地员工进行思想交流和沟通也是极为重要的。负责人与员工在工作上虽然是上下级的关系，但把对方作为一个独立的人加以尊重并与其接触，其重要性是世界共通的。从这个意义上来讲，海外赴任者应该尽量抽出时间，与员工进行积极交流和沟通。

笔者在访问海外据点时，午饭都尽可能地在员工食堂吃。因为这是一个能听取员工心声和意见的机会。但是，有些据点为领导和负责人设有特殊食堂，所以有时笔者也会被带到那里去用餐。在那里，日本外派人员大部分都在这种特殊食堂用餐，与当地员工几乎没有日常交流。

只有日本人拥有使用特殊食堂的特权，这件事本身就代表了负责人缺乏与该国人民共同工作的姿态。这种设有特殊食堂的据点使日本人和当地员工之间产生了隔阂。在这样的据点中，很多日本外派人员都有一种日本人高人一等的潜意识，经常可以看到他们对当地员工颐指气使、呼来喝去的情景。

当地员工中的优秀人才很多。找出这些优秀人才并加以培养才是外派人员的责任，而很多外派人员对当地员工连最基本的态度都没有。所以很多据点发生了不少问题，如：与当地员工之间的交流和沟通困难重重，难以发挥出当地优秀人才的能力，甚至连自己做出指示的内容主旨都无法传达下去。要想解决这些问题，首先必须有与当地员工彻底交流沟通的意识和心态。从这个意义上讲，设有特殊食堂的据点应该从废除这种食堂开始，改变日本人自身的意识。

11-5　不给将来留下祸根

在开展海外业务之际，必须要注意的一点是，经常对“即便当时看起来很不错，但是否会给将来留下祸根”这一问题进行讨论，并在此基础上做出经营判断。

比如：如果当地员工在生产现场的改善活动中取得了较大成果，应该给予他们什么奖励和酬劳呢？将这个酬劳包含在工资中如何？工资一旦涨上去，就很难再降下来，不仅如此，工资还是奖金的基准，所以涨工资可能会在后续给经营造成较大负担。单纯地以加强交流为目的开展的活动，有时也会招致意想不到的结果（参照 P320“剩下的只有免费午餐的权利”）。

本书中，笔者曾多次重申，经营必须要能可持续发展。所以，在导入新制度的时候，为了避免给将来留下祸根，务必要高瞻远瞩，进行充分的讨论。

11-6 防止技术流失

在海外据点，有些国家比在日本国内更容易发生技术知识流失的现象。某天突然发现使用了自家技术的产品出现在市面上的、会动摇工厂事业基盘的情况很多。因此，有必要加强技术知识流失的风险意识，并加以应对。

首先在工作交接时，要确认工厂自身的信息安全工作做得如何。最近，要求员工不仅要在离职时，在入职时也要签署保密协议的工厂越来越多了。像这样，在机密信息方面，彻底、全面地告知员工应保守的事项，是防止信息流失的第一步。

在技术知识的流失这点上，对设计图和明细书等进行彻底的管理当然也很重要。但实际上，在订购金属模具时以及对金属模具、夹具工具进行修理、保养时导致技术流失的情况也很多。

为了防止技术知识的流失，必须要清楚地认识到哪里是技术要点，并以绝对不会泄露这些技术要点的形式进行订购、修理。只单纯地以成本低为理由做出外部订购的判断，将来终将自食恶果。有时根据情况，即使成本有些高，也有必要在日本的车间进行制造、修理。事关事业根基的技术知识如果有流失和泄露的危险，就应该讨论是否有可能在工厂内重整体制，以能够进行内部生产、修理。

技术流失的风险是决定进军海外时的重要的判断因素，应该事先进行充分的讨论，进军海外后也要时刻保持风险意识。

11-7　在其位谋其职和以心交心

最后，笔者想围绕海外赴任者应注意的事项再多说几句。

一旦决定赴海外就任，在国内担任科长及股长职位的人一下子会升职成为工厂厂长，或公司社长。此时应该注意的是，充分理解这份责任的重大。如果还是以从前的职位的感觉来工作，不仅无法得到当地员工的信赖，也无法肩负起这份重任。

另外，既然要在该国开展工作，就要像本章第 2 小节中所述的，在了解该国文化习惯的同时，还要热爱这个国家，带着真诚的心去接触员工。可以说，这才是获得当地员工理解和信任的不可或缺的重要素质。

根据笔者的经验，只要抱着真情去接触当地员工，无论对当地员工提出多严苛的要求也能够获得他们的理解，也能够建立起信任的纽带。不能有“日本人最牛”的错误心态，也不要忘记时刻以平等的心态来接触当地员工。

剩下的只有免费午餐的权利

在某个海外据点，工厂为了加强员工之间的交流，建立了每月为在当月迎来生日的员工举办生日午餐聚会的制度。工厂考虑到有社长参加的场合，一定会是一个能使领导与员工进行良好的沟通的机会。

这个制度在短时间内发挥了很好的作用。但随着员工的增加，每个月需要办多次这样的聚会才行。造成这个制度难以继续下去，只能被废除。遗憾的是因为工会提出了“在员工生日当天，给员工发放由工厂负担的午餐券”的要求，加强员工之间的交流的初衷被遗弃，只剩下了一次性免费午餐的权利。

结 语

日本正在面临人口逐年减少的局面，在这种难以使国内需求扩大的状况下，如果想在今后实现工厂的成长、发展，获取以新兴国家为代表的新的海外市场就成为了必然。为此，众多公司在海外设立了据点。

这样一来，作为工厂中的一员，无论何时受命赴海外工作都不足为奇。也许很多人都有“海外的生产制造据点应该和日本国内的工厂车间相类似吧”这样的思维倾向，但其实海外的生产据点是不可能与国内的工厂车间一样的。说到底，海外的生产制造据点就是该国的一个独立的法人。无论是日常的资金周转还是结算，都必须作为一家工厂独立进行，有时还要接受税务调查。这与作为日本工厂组织中的一环的工厂车间运营完全是两回事。

特别是对于从未有过负责运营工厂经验的外派者，不仅会有生活环境上的巨大变化带来的不安，还要为如何推进经营而苦恼。另外，虽然平日经常接触盈亏表（P/L），但从未见过资产负债表（B/S）、现金流量表、资金周转表等的情况也很多。

尤其是如果不理解经营的根本——现金流，不了解资金的构成，就可能一下子陷入资金链短缺的困境中。负责成立新公司项目的推进而赴海外工作，却因不了解资金的构成而造成投产延迟，还有伴随而来的资金链的短缺，这样的例子也不少见。实际上，我还听说过有的负责人当听到当地的会计负责人说没有支付员工工资的钱时，变得脸色惨白的事。为了避免此类事态的发生，有必要事先理解经营的根本。

本书对在推进经营时应理解哪些事项做了总结和归纳。在承担起经营重任之前，以及在推进经营的过程中难以做出判断时，如果能够回顾本书中的内容，那将是笔者最大的荣幸。

如果您成为了经营负责人，您首先就需要对工厂经营应从何入手做出正确判断。无论是国内还是海外，作为新任经营负责人就任后，员工就会开始关注你的举手投足，以判断“这届社长是个什么样的人物”。换言之，第一印象非常重要。确认经营数字的内容，确认支援和保证该数字的生产现场，掌握工厂面临的课题，构思应如何采取措施。在此基础上，制定合理的经营方针，这一点很重要。

只要牢记经营的根本——现金流，并在平时的工作中努力推进现金流经营，就一定能够牢牢地把控住经营的方向盘。在此，笔者期待着各位读者朋友们能够大展宏图。

另外，本书是由于笔者执笔的《日经制造》2012 年 5 月～

2012年10月刊的连载《妥善处理海外工厂　写给技术人员的经营入门》获得了读者的好评，并在日经BP出版社吉田胜先生的大力推荐下才得以出版发行。本书能够顺利出版，得益于吉田先生认真细致的校对和支援，在此致以真诚的谢意。另外，本书还得到了笔者所属的JEMCO日本经营股份有限公司宣传部安村亚纪女士的校正等诸多帮助。在此也向安村亚纪女士表示感谢。

附　录

本附录列举的事项，是在制定年度计划时，必须要讨论的事项的样式示例。

在实际的年度计划制定过程中，必须要根据情况制作修改成适合工厂自身的内容和形式，本附录仅作为应该讨论哪些项目的参考。

年度　　年度计划制定流程

制定项目	（补充）	负责人	流程
年度计划制定方针			
新产品开发计划	目标价格/目标成本、各开发步骤日程		
产品计划	全部产品阵容		
销售计划总结			
销售计划（不同客户、商品、月份、机种）	单价、数量、金额，按照不同客户进行制作		
促销费用计划			
服务费用计划			
退货准备金计划			
产品商品库存计划（不同月份、机种）	加入库存削减计划的内容		
生产、购买计划（不同月份、机种）	生产计划、购入计划		
劳动天数计划	从各月份必要工时到各月劳动天数的设定⟹制作成年度日历		
各机种原材料费用估算	明确以哪个时间点作为估算原材料费用的基准		
原材料费用合理化计划	设计、工厂车间、资材分别制定合理化计划		
各机种计划原材料费	对新产品针对规格、使用材料进行计划		
原材料库存计划（不同月份、机种）	加入库存削减计划的内容		
在产品库存计划（不同月份、机种）	加入库存削减、制造生产周期缩短计划的内容		
金属模具投资计划（不同月份、机种）	对新产品、更新等进行区分		
依据基准工时、基准非作业时间估算直接劳务费	通过生产数量、不同机种基准工时估算出必要工时		
生产率提高计划、直接人员计划	依据生产率提高的具体举措制定计划		
设备运转率计划	依据各个设备的运转计划讨论转为内部制造的可能性		
设备投资计划	必须在明确投资目的的同时判断投资能否回收		
福利费用、人工费用比率	依据计划的提高率分别对各个级别设定比率		
间接人员计划	加入间接业务的修正		
加班时间	业务重整和削减计划的明确		
诸项经费计划	将新产品相关的试制费用等按照不同产品编号分别加以明确		
运送费用、保管费计划			
经营损失成本削减计划（品质损失、废弃损失等）	明确各类损失成本的削减计划		
从海外获得的专利使用费、海外劳务费计划			
专利费用收取计划			
收支、资金讨论	为达成目标的再次讨论、目标分摊		
个别讨论会			
整体讨论会	产品计划、销售计划、合计结果讨论等整体的讨论会		

上一年度的需反省之处及本年度计划制定方针

上一年度的成果及反省

【计划数字总结】

销售额/利润与计划的差异

	计划			实际业绩			差异		
业务区分	销售额	经常利润	（率）	销售额	经常利润	（率）	销售额	经常利润	（率）
合计									

与资金计划的差异

	计划	实际业绩	差异
期首资金			
营业现金流			
投资现金流			
自由现金流			
财务现金流			
期末资金			

与计划产生差异的原因、成果、反省

需求动向、市场占有率

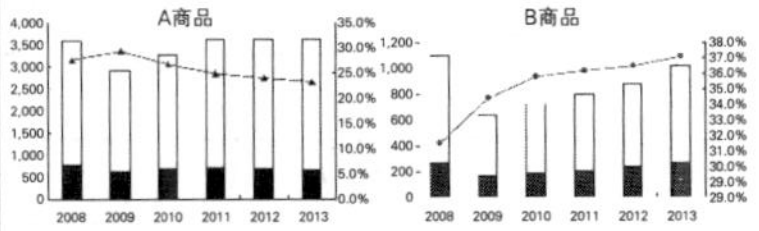

质量情况、合理情况及其他

给经营带来影响的环境变化

年度计划制定方针

新产品开发计划（大日程）

开发编号	价格	发售日	主要规格（基础编号、追加/消除规格等）	日程								
				企划方针	一次技术试验	二次技术试验	出图	金属模型完成	一次量产试验	二次量产试验	量产	出货

注：因为有必要明确产生试作费用及金属模型费用的月份，并制定计划数字，所以新产品计划要用大日程计划加以明确。另外，对于销售地开展日程也要加以明确。

新产品计划
（以产品区分）

产品编号	销售地	价格	主要产品规格	日程												（注）
				4	5	6	7	8	9	10	11	12	1	2	3	

商品阵容计划

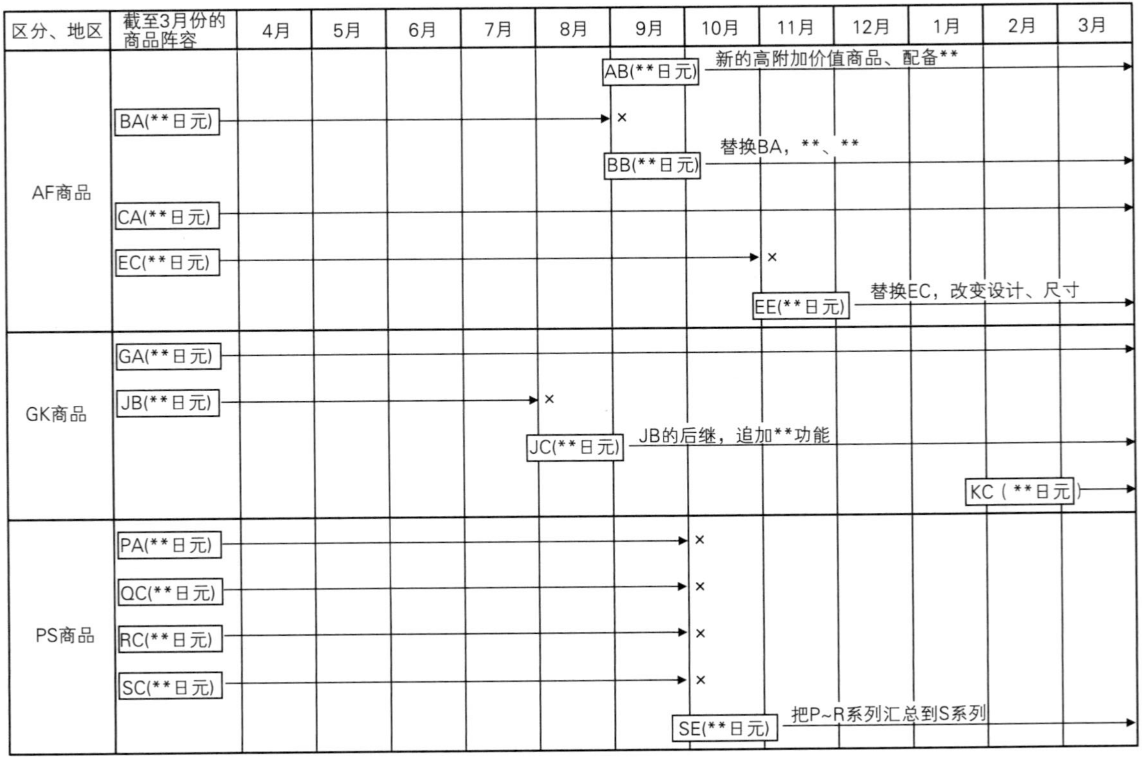
区分、地区
截至3月份的商品阵容
4月
5月
6月
7月
8月
9月
10月
11月
12月
1月
2月
3月
AF商品
AB(**日元)
新的高附加价值商品、配备**
BA(**日元)
BB(**日元)
替换BA，**、**
CA(**日元)
EC(**日元)
EE(**日元)
替换EC，改变设计、尺寸
GK商品
GA(**日元)
JB(**日元)
JC(**日元)
JB的后继，追加**功能
KC（**日元）
PS商品
PA(**日元)
QC(**日元)
RC(**日元)
SC(**日元)
SE(**日元)
把P~R系列汇总到S系列

与其他公司商品阵容的比较

区分、地区	本公司的商品阵容	B公司	C公司	D公司	E公司
AF商品 （区域占有率）	A1(**日元) A2(**日元) A3(**日元) **%	B1(**日元) B3(**日元) **%	C2(**日元) **%	D3(**日元) **%	E2(**日元) E3(**日元) **%
GK商品 （区域占有率）	G1(**日元) G2(**日元) **%	H2(**日元) H3(**日元) **%	I1(**日元) I2(**日元) I3(**日元) **%	J2(**日元) J3(**日元) **%	K2(**日元) **%
PS商品 （区域占有率）	P1(**日元) P2(**日元) P3(**日元) **%	Q2(**日元) Q3(**日元) **%	R1(**日元) R2(**日元) R3(**日元) **%	S2(**日元) S3(**日元) **%	T1(**日元) T2(**日元) T3(**日元) **%
占有率	**%	**%	**%	**%	**%
商品战略 方面的课题					
能想到的商品应对					

不同国家、地区总需求和占有率计划

（数量：千台、金额：百万日元）

国别	地区（排名）	年			年			年			年		
		总需求台数	本社销售数量	占有率	总需求台数	本社销售数量	占有率	总需求台数	本社销售数量	占有率	总需求台数	本社销售数量	占有率
日本													
	合计												
美国													
德国													
法国													
意大利													
中国													
泰国													
马来西亚													
印度													
其他													
合计													

国别	地区（排名）	年			年			年			年		
		总需求台数	本社销售数量	占有率	总需求台数	本社销售数量	占有率	总需求台数	本社销售数量	占有率	总需求台数	本社销售数量	占有率
日本													
	合计												
美国													
德国													
法国													
意大利													
中国													
泰国													
马来西亚													
印度													
其他													
合计													

<不同客户销售计划的构成>

（单位： 数量 千台 金额 百万日元）

国别		客户名称	年			年			年			年		
			数量	单价	金额	数量	单价	金额	数量	单价	金额	数量	单价	金额
日本	现有客户													
	新客户													
	合计													
美国（汇率）	现有客户													
	新客户													
	合计													
德国（汇率）	现有客户													
	新客户													
	合计													
法国（汇率）	现有客户													
	新客户													
	合计													
意大利（汇率）	现有客户													
	新客户													
	合计													
中国（汇率）	现有客户													
	新客户													
	合计													
泰国（汇率）	现有客户													
	新客户													
	合计													
马来西亚（汇率）	现有客户													
	新客户													
	合计													
印度（汇率）	现有客户													
	新客户													
	合计													
其他	现有客户													
	新客户													
	合计													
合计														

销售计划（按不同产品编号）

型号(系列)	产品编号	销售地	单价	4		5		6		7		8		9		上半年合计	
				数量	金额	数量	金额	数量	金额	数量	金额	数量	金额	数量	金额	数量	金额
	合计																

型号(系列)	产品编号	销售地	单价	10		11		12		1		2		3		下半年合计		年度合计	
				数量	金额	数量	金额	数量	金额	数量	金额	数量	金额	数量	金额	数量	金额	数量	金额
	合计																		

库存、销售、生产计划（按不同产品编号）

<台数>

型号(系列)	产品编号	销售地	单价	3月末库存台数	4			5			6			7			8			9			上半年合计
					销售台数	生产台数	库存台数	销售台数	生产台数	库存台数	销售台数	生产台数	库存台数	销售台数	生产台数	库存台数	销售台数	生产台数	库存台数	销售台数	生产台数	库存台数	生产台数
	合计																						

<金额>

型号(系列)	产品编号	销售地	单价	3月末库存金额	4			5			6			7			8			9			上半年合计
					销售金额	生产金额	库存金额	销售金额	生产金额	库存金额	销售金额	生产金额	库存金额	销售金额	生产金额	库存金额	销售金额	生产金额	库存金额	销售金额	生产金额	库存金额	生产金额
	合计																						

库存、销售、生产计划（按不同产品编号）

<台数>

型号(系列)	产品编号	销售地	单价	9月末库存台数	10			11			12			1			2			3			下半年合计	年度合计
					销售台数	生产台数	库存台数	销售台数	生产台数	库存台数	销售台数	生产台数	库存台数	销售台数	生产台数	库存台数	销售台数	生产台数	库存台数	销售台数	生产台数	库存台数	生产台数	生产台数

<金额>

型号(系列)	产品编号	销售地	单价	9月末库存金额	10			11			12			1			2			3			下半年合计	年度合计
					销售金额	生产金额	库存金额	销售金额	生产金额	库存金额	销售金额	生产金额	库存金额	销售金额	生产金额	库存金额	销售金额	生产金额	库存金额	销售金额	生产金额	库存金额	生产金额	生产金额

原材料费用计划

型号(系列)	产品编号	销售地	价格	原材料费用	原材料费率	4		5		6		4~6合计		7		8		9		7~9合计		上半年合计	
						生产台数	原材料费	生产台数	原材料费	生产台数	原材料费	生产台数	原材料费	生产台数	原材料费	生产台数	原材料费	生产台数	原材料费	生产台数	原材料费	生产台数	原材料费
合计																							
合理化计划																							
计划原材料费用																							
生产金额:原材料费率																							

型号(系列)	产品编号	销售地	价格	原材料费用	原材料费率	10		11		12		10~12合计		1		2		3		1~3合计		下半年合计	
						生产台数	原材料费	生产台数	原材料费	生产台数	原材料费	生产台数	原材料费	生产台数	原材料费	生产台数	原材料费	生产台数	原材料费	生产台数	原材料费	生产台数	原材料费
合计																							
合理化计划																							
计划原材料费用																							
生产金额:原材料费率																							

原材料费用合理化计划（按月份）

NO.	排名	部件名称	实施内容（合理化方案）	效果/台	合理化金额合计	各个月份合理化金额													
						4	5	6	7	8	9	上半年合计	10	11	12	1	2	3	下半年合计
合计																			

原材料费用合理化计划（按不同编号产品的成果）

NO.	排名	部件名称	实施内容（合理化方案）	效果/台	对象编号产品的实施效果													
					模型A	模型B	模型C	模型D										
不同编号产品实施效果合计																		

各月份工时、劳动天数讨论表

产品编号	工时	4月期		5月期		6月期		7月期		8月期		9月期		10月期		11月期		12月期		1月期		2月期		3月期		年度合计
		劳动天数		劳动天数		劳动天数		劳动天数		劳动天数		劳动天数		劳动天数		劳动天数		劳动天数		劳动天数		劳动天数		劳动天数		
		生产台数	必要工时	生产台数	必要工时	生产台数	必要工时	生产台数	必要工时	生产台数	必要工时	生产台数	必要工时	生产台数	必要工时	生产台数	必要工时	生产台数	必要工时	生产台数	必要工时	生产台数	必要工时	生产台数	必要工时	生产台数
(现有产品)																										
(新产品)																										
(新产品试作)																										
(合计)																										
工作时间(分)																										
标准劳动生产率																										
生产可能时间																										
生产必要人员																										
其他必要人员																										
必要人员总数																										
在籍人数																										
出勤率																										
实际出勤人数																										
必要加班时间																										

*依据生产计划估算生产必要的工时，讨论必要的直接人员计划，另外，基于新产品的大日程计划，还要将试量产等必要工时算进去。

*对于不同编号产品的工时，最好制定削减计划，将其考虑进去后再算出必要的工时。不同编号产品分别制定计划较困难的情况下，可利用上述讨论表算出必要人员，并从必要人员中减去提高生产率后所削减掉的工时，来制定计划。

*对于每月劳动天数，进行调整时要尽可能地让每个月的工时达到统一和平衡。在制定年度计划阶段，对派遣职员的雇用也要力图达到平均化和标准化。对于季节性变动，仅靠劳动天数来进行调节比较困难，因此根据季节设定工作时间也是一个方法。

工时合理化、生产率提高计划（按月份）

工程	实施内容（合理化方案）	效果（分/台）等	实施负责人	每月计划 4	5	6	7	8	9	10	11	12	1	2	3
合计					0	0	0	0	0	0	0	0	0	0	0

新产品费用计划（试制费等的开发费用）

（千日元）

开发产品编号	发售日	部门	不同月份												合计
			4	5	6	7	8	9	10	11	12	1	2	3	
		开发													
		制造													
		品质保证													
		合计	0	0	0	0	0	0	0	0	0	0	0	0	0
		开发													
		制造													
		品质保证													
		合计	0	0	0	0	0	0	0	0	0	0	0	0	0
		开发													
		制造													
		品质保证													
		合计	0	0	0	0	0	0	0	0	0	0	0	0	0
		开发													
		制造													
		品质保证													
		合计	0	0	0	0	0	0	0	0	0	0	0	0	0
		开发													
		制造													
		品质保证													
		合计	0	0	0	0	0	0	0	0	0	0	0	0	0
		开发													
		制造													
		品质保证													
		合计	0	0	0	0	0	0	0	0	0	0	0	0	0
		开发													
		制造													
		品质保证													
		合计	0	0	0	0	0	0	0	0	0	0	0	0	0
合计			0	0	0	0	0	0	0	0	0	0	0	0	0

新产品金属模具、夹具费用计划

（千日元）

开发产品编号	发售日	项目	不同月份												合计
			4	5	6	7	8	9	10	11	12	1	2	3	
		金属模具													
		夹具													
		合计	0	0	0	0	0	0	0	0	0	0	0	0	0
		金属模具													
		夹具													
		合计	0	0	0	0	0	0	0	0	0	0	0	0	0
		金属模具													
		夹具													
		合计	0	0	0	0	0	0	0	0	0	0	0	0	0
		金属模具													
		夹具													
		合计	0	0	0	0	0	0	0	0	0	0	0	0	0
		金属模具													
		夹具													
		合计	0	0	0	0	0	0	0	0	0	0	0	0	0
		金属模具													
		夹具													
		合计	0	0	0	0	0	0	0	0	0	0	0	0	0
		金属模具													
		夹具													
		合计	0	0	0	0	0	0	0	0	0	0	0	0	0
		金属模具													
		夹具													
		合计	0	0	0	0	0	0	0	0	0	0	0	0	0
合计		金属模具	0	0	0	0	0	0	0	0	0	0	0	0	0
		夹具	0	0	0	0	0	0	0	0	0	0	0	0	0
		合计	0	0	0	0	0	0	0	0	0	0	0	0	0

设备投资计划

（千日元）

目的区分	设备名称	主要样式	生产商	价格估算	设备能力	生产必要数量	附加价值计入额	导入（验收）时期	支付条件、日期
新产品、增产、更新、品质、环境、安全、其他									
新产品、增产、更新、品质、环境、安全、其他									
新产品、增产、更新、品质、环境、安全、其他									
新产品、增产、更新、品质、环境、安全、其他									
新产品、增产、更新、品质、环境、安全、其他									
新产品、增产、更新、品质、环境、安全、其他									
新产品、增产、更新、品质、环境、安全、其他									
新产品、增产、更新、品质、环境、安全、其他									
新产品、增产、更新、品质、环境、安全、其他									
新产品、增产、更新、品质、环境、安全、其他									
新产品、增产、更新、品质、环境、安全、其他									
新产品、增产、更新、品质、环境、安全、其他									
新产品、增产、更新、品质、环境、安全、其他									
新产品、增产、更新、品质、环境、安全、其他									
新产品、增产、更新、品质、环境、安全、其他									
新产品、增产、更新、品质、环境、安全、其他									
新产品、增产、更新、品质、环境、安全、其他									
新产品、增产、更新、品质、环境、安全、其他									
新产品、增产、更新、品质、环境、安全、其他									
新产品、增产、更新、品质、环境、安全、其他									
新产品、增产、更新、品质、环境、安全、其他									
新产品、增产、更新、品质、环境、安全、其他									
合计									

年度　人员计划（按部门）

部门名称：

级别		现任人员姓名	离职预定 A 调动预定 B 升职预定 O	期初 人员数量	年度计划 离职/调动/ 升职预定人员姓名	离职预定日期 调动预定日期	期末 人员数量
经理层	G7						
	G6						
领导层	G5						
	G4						
员工层	G3						
	G2						
	G1						
派遣职员	派遣（事务）						

年度　人员计划（按部门）

部门名称：

级别	4	5	6	7	8	9	10	11	12	1	2	3
G7												
G6												
G5												
G4												
G3												
G2												
G1												
派遣												
合计												

年度　加班计划（按部门）

部门名称：

单位：时间

级别	4	5	6	7	8	9	10	11	12	1	2	3
G5												
G4												
G3												
G2												
G1												
合计												

年度人员计划（间接人员整体）

部门		人员增减计划								合计
		G7	G6	G5	G4	G3	G2	G1	派遣	
	前期末人员									
	离职									
	增员、减员									
	升职									
	升职导致的人员减少									
	期末人员									
	人员增减									
	前期末人员									
	离职									
	增员、减员									
	升职									
	升职导致的人员减少									
	期末人员									
	人员增减									
	前期末人员									
	离职									
	增员、减员									
	升职									
	升职导致的人员减少									
	期末人员									
	人员增减									
	前期末人员									
	离职									
	增员、减员									
	升职									
	升职导致的人员减少									
	期末人员									
	人员增减									
	前期末人员									
	离职									
	增员、减员									
	升职									
	升职导致的人员减少									
	期末人员									
	人员增减									
	前期末人员									
	离职									
	增员、减员									
	升职									
	升职导致的人员减少									
	期末人员									
	人员增减									
	前期末人员									
	离职									
	增员、减员									
	升职									
	升职导致的人员减少									
	期末人员									
	人员增减									

年度　人员计划（按部门）

级别	4	5	6	7	8	9	10	11	12	1	2	3
G7												
G6												
G5												
G4												
G3												
G2												
G1												
派遣												
合计												

年度　加班计划（按部门）

单位：时间

级别	4	5	6	7	8	9	10	11	12	1	2	3
G5												
G4												
G3												
G2												
G1												
合计												

年度　人员计划（按部门）

（涨薪率提高*%）

级别	上一年度基本工资	涨薪	基本工资合计	职务津贴	通勤津贴	合计	（月数）	奖金	养老保险等	福利保险	人工费合计	加班津贴（1小时）
G7												/
G6												/
G5												
G4												
G3												
G2												
G1												
派遣												

市场质量损失成本计划

项目		前年实际业绩	上一年度计划	上一年度预测			本年度计划			削减措施要点
				上半年实际业绩	下半年预测	年度预测	上半年计划	下半年计划	年度计划	
产品退货（废弃）										
退货运费										
当地修理	技术、服务费									
	零部件废弃									
投诉对策费用										
合计		0	0	0	0	0	0	0	0	

经费计划

科目	前年实际业绩预测		年度合计		每月计划													
	金额	比率	金额	比率	4	5	6	7	8	9	上半年合计	10	11	12	1	2	3	下半年合计
销售额		100.0		100.0														
广告宣传费																		
促销费																		
运输、保管费																		
差旅交通费																		
通信费																		
办公用品费																		
交际费																		
会议费																		
教育、培训费																		
支付手续费																		
租赁费																		

科目	前年实际业绩预测		年度合计		每月计划													
	金额	比率	金额	比率	4	5	6	7	8	9	上半年合计	10	11	12	1	2	3	下半年合计
生产总值		100.0		100.0														
动力费																		
修理费																		
外部订购费																		

生产制造成本

科目	按不同月份												合计
	4	5	6	7	8	9	10	11	12	1	2	3	
1. 原材料费													
期首原材料存货额													
原材料进货费用													
期末原材料存货额													
原材料费合计													
2. 劳务费													
基本工资													
各项津贴、福利保险													
劳务费合计													
3. 经费													
电费													
煤气、水费													
运输费													
折旧费													
修理费													
租税、政府或公共团体征收的费用													
不动产租赁费													
保险费													
差旅、交通费													
通信费													
外部订购费													
杂费													
其他													
经费合计													
生产制造总费用（1+2+3）													
期首在制品库存额													
期末在制品库存额													
当期产品制造成本													

盈亏表

科目	按不同月份												合计
	4	5	6	7	8	9	10	11	12	1	2	3	
销售额													
销售成本													
期首产品存货额													
当期产品制造成本													
期末产品存货额													
销售成本													
销售总利润													
一般管理费及销售费													
营业利润													
营业外收益													
营业外费用													
经常利润													
特别利润													
特别损失													
税前当期纯利润													
法人税、居民税													
税后当期纯利润													

（一般管理费及销售费明细）

科目	按不同月份												
	4	5	6	7	8	9	10	11	12	1	2	3	合计
销售员工资津贴													
销售员差旅费													
广告宣传费													
运送费、邮寄费													
董事工资津贴													
办公人员工资津贴													
折旧费													
地租、房租													
修理费													
办公消耗品费用													
通信费、交通费													
杂费													
其他													
一般管理费、销售费合计													

盈亏表（管理用）

		按不同月份												合计
		4	5	6	7	8	9	10	11	12	1	2	3	
生产金额														
营业额	国内													
	输出													
	合计	100.0	100.0	100.0	100.0	100.0	100.0	100.0	100.0	100.0	100.0	100.0	100.0	100.0
变动费用	直接原材料费													
	外部订购加工费													
	销售直接费用													
	专利使用费													
	包装运输费													
	其他													
	变动费用合计													
边际利润额														
固定费用	直接人员人工费													
	间接人员人工费													
	折旧费													
	诸项经费													
	其他													
	固定费用合计													
生产销售运转劳动差异														
固定费用差异合计														
营业利润														
支付利息														
营业外盈亏														
税前利润														
法人税														
税后利润														

变动费率													
边际利润率													
固定费用													
盈亏平衡点													

B/S及现金流量表

1.B/S

（单位：百万日元）

			前年度实际业绩	天数	上一年度预测	天数	本年度计划	天数
平均每月交易额				30		30		30
资产	流动资产	现金付款						
		应收票据						
		应收账款						
	存货资产	产品						
		在制品						
		原材料						
		未到货品						
		合计						
		预付费用						
		其他流动资产						
		合计						
	固定资产	房屋、建筑物						
		器械及装置						
		土地						
		其他固定资产						
		合计						
	合计							

			前年度实际业绩	天数	上一年度预测	天数	本年度计划	天数
平均每月交易额				30		30		30
负债	流动负债	应付票据						
		应付账款						
		短期借款						
		未支付款						
		奖金准备金						
		其他流动负债						
		合计						
	固定负债	公司债券						
		长期借款						
		离职工资准备金						
		合计						
	纯资产	资本金						
		资本剩余金						
		利润剩余金						
		自有股票						
		其他利润累积额						
		合计						

2.现金流

		上一年度预测	（运营资金增减明细）		**本年度计划**	（运营资金增减）	**与上一年度差**
营业活动	纯利润		应收账款				
	运营资金增减		存货资产				
	折旧费		其他债权				
	营业现金流		应付账款				
			其他债务				
			合计				
投资活动	投资设备						
	股票投资						
	其他						
	投资现金流						
自由现金流							
财务活动	借款增减						
	红利分配						
	其他						
	财务现金流						
资金增减							

年度事业计划主要经营数字目标

①利润体制

		上一年度预测	4	5	6	7	8	9	10	11	12	1	2	3	合计	与前一年比
生产总值																
营业额	国内															
	输出															
	合计															
边际利润																
（率）																
固定费用																
营业利润																
（率）																
税前利润																
（率）																
盈亏平衡点																

②现金流

		上一年度预测	4	5	6	7	8	9	10	11	12	1	2	3	合计	与前一年比
	净利润															
	应收账款减少额															
	应付账款增加额															
	存货资产减少额															
	折旧费															
营业CF（现金流）																
	投资设备															
	股票投资															
投资CF																
自由现金流																
财务CF																
现金流合计																
网络资金余额																

③总资产

（与前一年差额）

		上一年度预测	4	5	6	7	8	9	10	11	12	1	2	3	合计	与前一年差额
存货资产																
	产品、商品															
	原材料、半成品、构件															
固定资产																
其他																
总资产																

④投资

（与前一年差额）

		上一年度预测	4	5	6	7	8	9	10	11	12	1	2	3	合计	与前一年差额
投资	投资															
	金属模具															
	IT投资															

⑤其他

（与前一年差额）

	上一年度预测	4	5	6	7	8	9	10	11	12	1	2	3	合计	与前一年差额
研究开发费用															
损失成本（率）															

⑥人员

			上一年度预测	4	5	6	7	8	9	10	11	12	1	2	3	合计	与前一年比
人员	在籍人员	直接人员															
		间接人员															
		合计															
	外部人员	直接人员															
		间接人员															
		合计															
人工费		直接劳务费															
		间接人员人工费															
		合计															

专业用语简释

安全库存	为防止由于使用量及销售量的变动而导致缺货所准备的库存。根据缺货风险的概率（安全库存系数）决定
销售成本	盈亏表中费用的总称。由当期销售成本=期首产品存货额+当期制造成本-期末产品存货额计算得出
应收账款	已销售出去的产品及服务等尚未回收的资金。如果资金回收花费较长时间，则有产生坏账（资金无法回收）的风险。计入资产负债表中的流动资产
应收账款余额确认书	记录交易方的应收账款余额为多少的书面文件。以此要求交易方付款。也称为应收余额证明书
营业现金流	产品及服务销售出去后得到的收入减去支出的原材料费用等后得到的差额。表示因营业活动获得的现金收支
应付账款	购入产品及服务等后，尚未支付的金额。在资产负债表中计入流动负债
回收账期	从计入应收账款后，到实际回收资金所需的时间
贷方	资产负债表的右侧一栏。由负债的部分和资本的部分构成，表示资金是如何筹措的。在分项记录资产负债表时的右侧
借方	资产负债表的左侧一栏。表示的是工厂所拥有的资产内容。在分项记录资产负债表时的左侧
现金流	表示资金的流入和流出的动态变化。支出称为现金流出，收入称为现金流入。另外，将这些资金的流入和流出区分为营业、投资、财务活动进行表示的财务报表为现金流量表

（续表）

现金流量表	总结和归纳一个会计期间内工厂活动资金流动（现金流）的会计报表。该表将营业活动、投资活动、财务活动分开，分别表示各个活动的现金动态
形状抠模	通过给放置物品的形状画印儿、描边儿等，使之被切实地放置在指定地点
边际利润	营业额减去变动费用后得到的利润（边际利润=营业额-变动费用）。另外，还有一个计算方法为：边际利润=固定费用+利润
边际利润率	边际利润除以营业额乘以100%。反映边际利润占营业额的比率
折旧费	将获取的固定资产价格按使用寿命进行费用分摊
动力费	指电费、燃料费、煤气费、水费等
固定费用	无论营业额是多少，都不会变化的人工费用及折旧费用等
固定费用差异	期首和期末的存货资产差额（存货资产增减量）中制造成本的固定费用额。也称为生产销售劳动差异平衡等
库存误算	库存在账面上的数量（账面余额）与实际数量的差异
财务现金流	表示为维持营业活动及投资活动，在资金筹措上进行了多少新的借款和增资，以及还款和分红
在制品	还未成为成品，仍处于生产过程中的产品。不能直接对外进行销售，也称为在制品库存。要与能够对外销售的半成品相区别。在资产负债表中，作为流动资产中的存货资产计入表中
资金周转表	将一定期间内所有的资金回收和支出制成的一览表，把握资金过多及不足的会计表格
制造成本	在生产车间进行产品制造所需的费用合计。由当期的制造成本=期首在制品存货额+当期制造总费用-期末在制品存货额计算得出

（续表）

全部成本计算方式	将固定费用和变动费用都计算在制造成本内的计算方式。另一方面，还有仅计入变动费用的直接成本计算方式
总资本	工厂进行经营活动所筹措的所有资本
总资本周转率	营业额占总资本的比率。总资本周转率=营业额/总资本。是衡量资本使用的效率性的指标。该数值越大，说明工厂对总资本的使用越有效
盈亏表	财务报表之一。报表的内容表示的是将某期间内的收益与获得该收益所发生的全部费用/损失进行对比。表中记载了用收益减去费用/损失后计算得出的工厂获得的利润（或损失）。也简略写作 P/L（Profit/Loss）
盈亏分叉点	费用和营业额趋于一致的点。用固定费用除以边际利润率得到的数值为盈亏分叉点
盈亏分叉点额	达到盈亏分叉点的金额
盈亏平衡比率	盈亏分叉点额占营业额的比率。因为是盈亏分叉点额除以营业额得到的数值，因此越低越好
资产负债表	财务报表之一。为体现工厂业务在年度末等某一时间点的财务状况而制作的表格。观察该表即可简单地把握工厂的财政状况。资产负债表由工厂拥有的资产、除股东以外筹措的负债、依靠股东集资及交易等积累的权益等纯资产构成。也称为平衡表（Balance Sheet），简称 B/S
滞留债权	过了约定的付款期限仍未收到的未回收债权
盘货作业	清点库存，检查核实账面库存量和实际库存量之间的差异的作业
存货资产	以销售为目的的工厂暂时保有的产品及半成品、在制品、原材料等的总称。也就是“库存”。在资产负债表中资产一栏中“资产部分”的“流动资产”中体现
动作经济原则	以实现减少疲劳、更有效地作业为目的而形成的体系化的原则

（续表）

投资现金流	体现设备投资及股票投资等投资活动产生的现金流的增减。是维持工厂现有业务的必要资金
自由现金流	营业现金流减去投资现金流后的剩余资金。用于借款的返还、红利分配、将来的投资准备金的原始资金
不良债权	回收困难的债权
Product Portfolio Management（PPM）	产品投资组合管理。思考如何对投资进行有效地经营资源分配的图表
变动费用	原材料费用等随着营业额的增加而增加、减少而减少的费用
变动费用率	变动费用占营业额的比率
账外资产	资产负债表中没有记录在内的资产。仅限于一些重要性较低的资产
信用额度	可允许销售给交易方的应收账款上限额度
SWOT 分析	从优势、劣势、机会、威胁的四个视角出发，分析经营及项目战略的手法

定价：28.00元

定价：36.00元

定价：30.00元

定价：32.00元

定价：32.00元

定价：32.00元

定价：38.00元

定价：26.00元

定价：36.00元

定价：22.00元

定价：32.00 元

定价：36.00 元

定价：36.00 元

定价：36.00 元

定价：38.00 元

定价：28.00 元

定价：38.00 元

定价：36.00 元

定价：38.00 元

定价：36.00 元

定价：36.00元

更多本系列精品图书，敬请期待！